CUBA Y EL CAYO HUESO DE AYER

**BREVES RELATOS SOBRE LA CUBANÍA
DEL CAYO HUESO DE AYER**

COLECCIÓN CUBA Y SUS JUECES

EDICIONES UNIVERSAL, Miami, Florida, 2015

Alejandro F. Pascual

CUBA Y EL CAYO HUESO DE AYER

BREVES RELATOS SOBRE LA CUBANÍA DEL CAYO HUESO DE AYER

Copyright © 2011 by Alejandro F. Pascual

Primera edición, 2011
Segunda edición, 2015
Tercera edición, 2019

EDICIONES UNIVERSAL
P.O. Box 450353 (Shenandoah Station)
Miami, FL 33245-0353. USA
(Desde 1965)
e-mail: ediciones@ediciones.com
http://www.ediciones.com

Library of Congress Catalog Card No.: 2010941153
ISBN-10: 1-59388-212-2
ISBN-13: 978-1-59388-212-9

Composición de textos: María Cristina Zarraluqui

Diseño de la cubierta: Luis García Fresquet

Obra en la cubierta «Martí rumbo a Cayo Hueso»
por Abel Quintero (www.abelquintero.com)

Obra en la cubierta posterior es foto de un tallado de la fachada del
San Carlos por Daniel García (www.woodartandmarketing.com)

Todos los derechos
son reservados. Ninguna parte de
este libro puede ser reproducida o transmitida
en ninguna forma o por ningún medio electrónico o mecánico,
incluyendo fotocopiadoras, grabadoras o sistemas computarizados,
sin el permiso por escrito del autor, excepto en el caso de
breves citas incorporadas en artículos críticos o en
revistas. Para obtener información diríjase a
Ediciones Universal.

A
mi esposa e hijos

Gloria
Michael, Claudia y Giancarlo

«Gracias a la vida que me ha dado tanto.»
Violeta Parra

Muchísimas gracias
a mi primo Abel Quintero
y a mi amigo Daniel García
por el arte de la portada y la contraportada.

Índice

INTRODUCCIÓN 11

1- CAYO HUESO 13

2- GALEONES Y ESCLAVOS 17

3- NARCISO LÓPEZ 21

4- LOS TABAQUEROS 27

5- JOSÉ DOLORES POYO Y ESTENOZ 33

6- EL INSTITUTO SAN CARLOS 39

7- LAS CALLES DEL PEÑÓN 45

8- JOSÉ MARTÍ 55

9- REMEMBER THE MAINE 67

10- DOMINGO ROSILLO Y AGUSTÍN PARLÁ 75

11- AEROMARINE & PAN AMERICAN 79

12- MARIO SÁNCHEZ 85

13- ERNEST HEMINGWAY 87

14- CONCOS, BUCHI Y PAN CUBANO 91

15- NOTAS FINALES 101

BIBLIOGRAFÍA 109

Introducción

El propósito de estos capítulos es de hacer su visita a Cayo Hueso un poco más provechosa y educativa. Si usted no ha visitado Key West espero le motive a hacerlo y le ayude a planear su gira.

En varias ocasiones visitantes me han preguntado si existe algún escrito en español sobre los cubanos en Cayo Hueso. Hay algún material escrito en inglés pero muy poco disponible en español. Espero que estos breves capítulos ayuden a cubrir este vacío. La historia de Cayo Hueso es mucho más amplia de lo que expongo. Como el título lo implica sólo se trata de ciertos capítulos relacionados al impacto de la cubanía de ayer en esta bella roca. Estas páginas contestan muchas de las preguntas que los turistas cubanos y otros hacen al visitar Cayo Hueso. No son páginas para el historiador estudioso sino para el viajero curioso.

En particular, espero estas páginas lleguen a ser de utilidad a mis compatriotas cubanos que viven en la isla cuando llegue ese día inevitable que puedan viajar nuevamente con plena libertad a este pedacito de Cuba estadounidense que tanto amó Martí y que tanto significó para la libertad de Cuba.

Mi primera visita a Cayo Hueso fue en el 1973. Hacía nueve años que había partido de mi mágico rincón natal de Cuba, Cárdenas/Varadero. Al llegar a Cayo Hueso el despliegue de arecas, crotos, flores y palmeras me remontó a mi niñez. Pero no fue hasta que mi olfato percibió ese maravilloso olor a alga seca y cangrejo putrefacto que mi alma recordó tantos gratos episodios de aquellos primeros catorce años de mi vida en Cuba. Desde esa primera visita regresé a Cayo Hueso tantas veces como pude. Finalmente, cuatro años atrás me pude jubilar y cambié de domicilio para este «Paraíso donde comienza una gran nación» como dice nuestra Radio Ritmo local. Primero, me cautivó con su belleza y después me acabó de seducir con su historia. En particular con los capítulos relacionados a la cubanía que aquí les comparto.

    Mi sincero agradecimiento a las siguientes personas que me compartieron sus recuerdos y entusiasmo por la historia de Cayo Hueso: Joe Garrido, Thomas Favelli, Alex Vega, Cari Varela, Marlene Carbonell, Marc Cesani, George López, Dr. Glen Westfall y Danilo Salazar.

    Quedo también muy agradecido a Juan Manuel Salvat por sus sabios consejos y respaldo.

    Por último le comparto mi email personal para cualquier comentario afpascual07@aol.com.

1
Cayo Hueso

Juan Ponce de León exploró la Florida y sus cayos en 1512

Al explorar la Florida los españoles se encontraron un archipiélago compuesto por más de 400 islas e islotes. Este archipiélago fue descubierto por Juan Ponce de León en el 1512 y fue llamado «El Archipiélago de los Mártires». En el extremo suroeste de este archipiélago los españoles encontraron una isla rocosa de aproximadamente 4 km de largo por 2½ km de ancho. Al desembarcar observaron una gran cantidad de esqueletos humanos sobre una playa. Tal parecía como un campo de batalla abandonado. Debido a este hallazgo la bautizaron Cayo Hueso. En algunos documentos antiguos españoles también se le llama por «Cayo de los Huesos».

De quienes eran los restos en la playa no se sabe a ciertas. Pero hay dos especulaciones que les comparto. La primera versión es que eran huesos de una batalla entre los grupos indígenas Calusa y los Seminoles quienes se disputaban estas islas. Y la otra versión es que un grupo de Taínos procedentes de Cuba fue masacrado ya sea por Calusas o por Seminoles.

Los españoles no encontraron agua potable en Cayo Hueso por lo tanto no le prestaron mucha atención. También sus arrecifes y costas de bajo calado dificultaban la navegación.

Los primeros habitantes de Cayo Hueso fueron un grupo de «lobos de mar» que se dedicaban al saqueo de los barcos que encallaban en sus arrecifes o eran víctimas de la furia de los huracanes. Esto ocurrió por las primeras décadas de los 1800. Casi todos estos rastreros marinos procedían de las Bahamas y eran de nacionalidad inglesa. Esta ocupación que al principio era casi como un tipo de piratería después fue regulada y operaba bajo contratos y diferentes arreglos con los capitanes de los barcos dañados. Pasó a ser de un robo a un servicio. Un cónsul español de Cayo Hueso le llamó a esta ocupación «raqueros» proveniente de la palabra «wreckers» en inglés.

El primer dueño de Cayo Hueso fue Juan Pablo Salas, un oficial español que dado a sus consagrados y arriesgados servicios a la corona española le fue obsequiado Cayo Hueso por parte de las autoridades de San Agustín. Esto ocurrió en el 1815. Salas residía en La Habana.

En el 1821 cuando ya toda la Florida pasa de España a los Estados Unidos, Salas le vende Cayo Hueso a John W. Simonton por US$2,000. Salas y Simonton se reunieron en La Habana para dicha transacción. En el 1824 cuando Simonton oficialmente anexa Cayo Hueso a la Florida se le oficializa el nombre de Key West. Este nombre surge como distorsión de la pronunciación por parte de los angloparlantes de Cayo Hueso que eventualmente llegó a ser pronunciado Key West. Pero los hispanoparlantes siempre le han seguido llamando por su nombre original.

La población de Cayo Hueso fue creciendo paulatinamente siendo la pesca de esponjas y tortugas y el rescate de las embarcaciones encalladas las mayores fuentes de ingreso. En el 1823 los Estados Unidos envía un destacamento de la marina de Guerra, comandada por el Capitán David Porter. El propósito de esta flota es de proteger las rutas de comercio marino, perseguir el contrabando y eliminar a los piratas del Caribe. Desde entonces la Marina de Guerra juega un importante papel en la seguridad, en la economía y en la vida social de Cayo Hueso.

En el 1826 comienza a llegar el correo al Cayo. Este venía desde Charlestone, una vez al mes, en la goleta Post Boy. Cuando la correspondencia llegaba se tocaba una campana alertando a la población.

Los primeros cubanos en poblar Cayo Hueso fueron un pequeño grupo de pescadores que vivían junto a un grupo de Canarios entre lo que es hoy el cementerio y el puerto antiguo por los años 1835. Este grupito de familias se dedicaba principalmente a la pesca de tortugas y de esponjas las cuales vendían mayormente en La Habana y a aquellos comerciantes que desde Cuba venían en su busca. La extracción de sal por evaporación era también una empresa importante en la vida del Cayo. Las Salinas se encontraban por donde hoy día se encuentra el aeropuerto. La población de Cayo Hueso por el año 1830 se calcula como en unos 500 habitantes.

En el 1831 un ciudadano Inglés, William H. Wall, fundó la primera tabaquera del Cayo. Esta tabaquera de unos 50 empleados duró hasta el 1859. Varias tabaqueras o chinchales de mucho menor tamaño, casi todas de cubanos, producían tabacos para el consumo local. Las hojas del tabaco eran importadas desde Cuba.

Durante la Guerra Civil Americana, el Cayo se mantuvo fiel a los estados del Norte. Durante este período se levantaron las diversas fortificaciones que hasta hoy perduran. El fuerte Zachary Taylor, el fuerte Jefferson en las Dry Tortugas y los dos fuertes Martellos.

La primera iglesia fundada en el Cayo fue la iglesia Episcopal de St. Paul en el 1832. Los Bautistas llegaron en el 1842 y misioneros Metodistas Wesleyanos provenientes de Las Bahamas se establecieron en el 1845. La primera misa Católica fue ofrecida por un párroco de La Habana en el 1846 y el primer templo Católico se fundó en el 1852.

En el 1867 hubo un gran avance en las comunicaciones cuando el primer cable telegráfico fue tendido de Cayo Hueso a La Habana. Junto a la bolla que marca las 90 millas a Cuba hay una casita conocida como «la casita del cable» donde entra al Cayo uno o más de los 4 o 5 cables que eventualmente fueron tendidos.

En Cuba estos cables entraban por la Playa del Chivo al este de La Habana y salían en una guarnición militar en Cojímar. El buque oficial de Cayo Hueso es el velero Western Union que desde el 1939 reparaba y mantenía estos cables submarinos a Cuba. Usted puede visitar su varadero actual al final de la Calle Williams.

El velero Western Union desde 1939 tendía y mantenía los cables submarinos entre Cayo Hueso y La Habana

La vida de Cayo Hueso era lenta, sencilla, típica del trópico. Desde entonces acataba a las diversas culturas que lo poblaban, raqueros, pescadores y marineros entre otros. En el 1868 una nueva emigración cambiaría para siempre el alma del Cayo.

2
Galeones y esclavos

Hubo dos incidentes marítimos, en el 1622 y en el 1827, relacionados a Cuba, que tienen importancia en la historia de Cayo Hueso. De ambos hay recordatorios vigentes en esta ciudad.

Les recuerdo que La Habana era la puerta de entrada y salida al Nuevo Mundo.

Galeón español

Varias veces al año grandes flotas se dirigían a España desde La Habana. Estas flotas iban fuertemente custodiadas protegiéndolas de los piratas que sabían del rico contenido de sus naves, oro y piedras preciosas provenientes de Sudamérica y más tarde México. Estas flotas pasaban frente a los Cayos siguiendo la corriente del Golfo rumbo norte. En septiembre del 1622 la Flota Tierra Firme partió de La Habana con 28 navíos. Entre ellos estaban La Santa Margarita y Nuestra Señora de Atocha. A este último navío se le había asignado ser el buque almirante protegiendo el final de la flota. Mientras navegaban el Estrecho de la Florida entre Cuba y Cayo Hueso un súbito huracán causó un inmenso caos a la flota de la cual naufragaron varios navíos entre ellos el Atocha y La Santa Margarita. Hubo gran pérdida en vidas y en riquezas, plata, oro, esmeraldas entre otras. En el 1969 el explorador Mel Fisher comienza la búsqueda de estos navíos desde Cayo Hueso. En el 1985 sus esfuerzos logran encontrar el Atocha con su preciosa carga al oeste del Cayo. Toda la historia en detalle y los contenidos del Atocha se pueden ver en el Mel Fisher Maritime Museum en el 200 de la calle Greene. Las barras de oro, las monedas, los artefactos de cocina y muchos otros objetos recuperados se encuentran en exhibición.

En el 1815 los Estados Unidos y las grandes potencias europeas firman un acuerdo el cual declara el tráfico de esclavos ilegal y comparado en penalidades a la piratería. Noten que no se ilegaliza la esclavitud, sólo el comercio de esclavos. Debido a que el tráfico de esclavos desde África continuaba, los Estados Unidos e Inglaterra se disponen a poner en vigor este acuerdo. Navíos de la Marina Americana y la Marina Real Inglesa comenzaron a patrullar las costas de África y las tradicionales rutas de contrabando del Caribe en busca del ilícito comercio humano.

Este acuerdo causa que el precio de los esclavos aumente. Por lo tanto lo contrario a su propósito ocurre. Surgen más contrabandistas en botes más pequeños y veloces. Algunos de éstos operaban desde las costas de Cuba. En esta época Cuba tenía muchísimos esclavos trabajando principalmente en la caña de azúcar y en los cafetales. La importación de ambas cosechas iba en aumento y más esclavos se necesitaban para mantener el crecimiento.

En la tarde del 19 de diciembre del 1827 el buque Nimble de la Marina Real, capitaneado por Edward Holland avista una embarcación sospechosa sin identificaciones entre las Bahamas y los Cayos. El buque desconocido era El Guerrero que operaba desde Cuba y en esta ocasión regresaba del África Occidental con 561 esclavos a bordo. Cuando El Guerrero ve al Nimble parte a toda vela en dirección oeste. La persecución dura hasta las horas de la noche. El Nimble siendo más rápido logra acercarse a El Guerrero y se comparten boleadas y cañonazos sin mayores consecuencias. El Guerrero finge rendirse y aprovecha para buscar mar abierto rumbo sur. Continúa la persecución la cual termina con las dos embarcaciones encalladas a unos dos kilómetros uno del otro en las afueras de Cayo Largo. Cuando El Guerrero le pega al coral su mástil se cae y el barco se parte en dos. Los gritos de pánico de los esclavos llegaban hasta el Nimble. Cuarenta y un africanos perecieron esa noche. El Nimble no se averió tanto pero perdió su quilla al pegarle a un veril donde quedó varado. A la mañana siguiente vienen tres barcos raqueros al rescate desde Cayo Hueso. El capitán Holland pide que la carga humana sea llevada a tierra firme. Los tres barcos raqueros parten con los esclavos y los españoles y cubanos rumbo a Cayo Hueso. Un cuarto raquero va a la escena y le pone la quilla de El Guerrero al Nimble. Este logra liberarse del banco de arena y zarpa a Cayo Hueso. Por el camino dos de los barcos raqueros, el Florida y el Thorn son secuestrados por los marineros españoles y cubanos y encaminados a la costa de Santa Cruz del Norte en Cuba. Solo 121 esclavos llegaron al Cayo. El resto fueron vendidos en Cuba. Los 121 esclavos sobrevivientes partieron de regreso a Liberia en septiembre del 1829. Los 41 que perecieron fueron enterrados en el Cayo.

En el 1860 varias embarcaciones con esclavos fueron interceptadas en las afueras de Cuba. Un campamento temporero fue establecido por el gobierno estadounidense en Cayo Hueso para asistirles mientras se procedía con los arreglos para su regreso a África. Se calcula que unos 1,432 africanos pasaron por este campamento el cual estaba bien equipado con hospital, cocina, dormitorios, etc.

Se estima que unos 295 esclavos fueron enterrados en Cayo Hueso. El Cementerio Africano junto al fuerte West Martello en la Playa Higgs guarda memoria de estas víctimas.

Cementerio Africano de Cayo Hueso junto a Higgs Beach

3
Narciso López

En el 1849 el venezolano Narciso López, ex-oficial del ejército español, diseña la bandera cubana en la ciudad de New York. Lo asiste su amigo Miguel Teurbe Tolón. Junto a otros patriotas preparan una invasión para liberar a Cuba del imperio colonial español. La primera bandera cubana es confeccionada a mano en New York por Emilia Teurbe Tolón, prima y esposa de Miguel.

El General Narciso López diseñó la bandera cubana y la hizo ondear por primera vez en suelo cubano el 19 de mayo de 1850 en Cárdenas.

Al año los preparativos para desembarcar en Cuba estaban listos. Narciso contaba con el apoyo de numerosos miembros del gobierno estadounidense. Especialmente dentro de los estados sureños. El plan consistía en anexar a Cuba a los Estados Unidos una vez liberada de España.

Emilia Teurbe Tolón confeccionó la primera bandera cubana en New York en 1849.

Unos 500 hombres liderados por Narciso parten en el vapor Creole a mediados de mayo del 1850. La mayoría de estos llamados filibusteros eran estadounidenses procedentes de los estados de Kentucky, Louisiana y Mississippi. Estos bien armados invasores dejan atrás la costa de New Orleans rumbo al puerto azucarero de Cárdenas en la costa norte de Cuba. La estrategia consiste en sorprender a los 400 soldados españoles que cuidan de Cárdenas.

De inmediato proceder a la ciudad de Matanzas por vía férrea donde unos estimados 3,000 patriotas se incorporarían a la fuerza invasora. Una vez tomada Matanzas miles más se unirían para la toma de La Habana.

Las tropas de Narciso López desembarcaron en Cárdenas el 19 de mayo de 1850

En las tempranas horas de la madrugada del 19 de mayo, las tropas de Narciso López desembarcan en Cárdenas. En fiera batalla de unas tres horas de duración, en pleno centro de la ciudad Narciso toma control de Cárdenas.

Unos ocho soldados españoles e igual número de invasores mueren en el combate. La ciudadanía cardenense observa con curiosidad a los soldados extranjeros. La arenga de López no gana a muchos convictos. Los cardenenses observan la bandera cubana sobre la casa de gobierno que por primera vez ondea en suelo cubano.

Esa misma noche fuerzas españolas destacadas en Matanzas penetran la ciudad y confrontan a los invasores. En vista de la superioridad numérica de los refuerzos, Narciso ordena a sus tropas retirarse al Creole anclado en el puerto.

El cañonero Pizarro de la marina española, en busca de otras posibles naves invasoras, para en el Puerto de Cayo Hueso y alerta a las autoridades y a sus habitantes sobre la invasión a Cárdenas. El Creole parte de la bahía de Cárdenas rumbo a Cayo Hueso. El Pizarro deja a Cayo Hueso esa misma mañana de regreso a aguas cubanas. En el Estrecho de la Florida se avistan los navíos y el Pizarro emprende la persecución del Creole. El Pizarro, más rápido que el Creole, acorta la distancia. El Creole busca la costa de Cayo Hueso en desesperación. Desde los techos de sus casas en el Cayo sus habitantes contemplan la saga. El Creole quema cuanto puede a bordo en busca de velocidad. Al avistar a los filibusteros dentro del Creole los habitantes de Cayo Hueso saludan con pañuelos y banderas. El Pizarro se encuentra a menos de tres kilómetros y sus oficiales contemplan la posibilidad de bombardear a Cayo Hueso mientras los invasores dislocadamente desembarcan en el puerto. Rápidamente se agrupan en formación y marchan distantes del puerto. La ciudadanía del Cayo los recibe como héroes y los heridos son atendidos. En vista de las baterías del Fuerte Zachary y la presencia de un navío de la marina estadounidense El Pizarro decide no atacar y opta por patrullar las aguas en las afueras del puerto.

Los filibusteros son oficialmente disueltos en Cayo Hueso. Las armas en su gran mayoría son rendidas a la marina estadounidense. El Pizarro mantuvo su vigilia sobre el Cayo hasta el 23 de mayo. Ese mismo día Narciso parte en un vapor del correo hacia Savannah. Al despedirse le deja su sable como símbolo de gratitud a Joseph Beverly Browne, uno de los patriarcas de la ciudad. Narciso y Joseph tenían un amigo en común, Jefferson Davis, eventual presidente de los Estados Confederados. En las siguientes semanas los filibusteros encuentran embarcaciones que los regresan a sus hogares. Los últimos en salir son los mal heridos que demoran en sanar. Unos pocos se anexan a la vida del Cayo.

Narciso López en meses organiza una segunda expedición a Cuba. Su último puerto estadounidense fue Cayo Hueso donde por unas horas se despidió de sus antiguos amigos antes de dirigirse a

Cuba. Fue capturado en Cuba y ejecutado al garrote el día primero de septiembre 1851 en la Plaza de la Punta frente al Morro de La Habana. Unas cuatro mil personas presenciaron su muerte.

La noticia de su muerte generó protestas y disturbios en New Orleans y en el Cayo. En New Orleans el consulado español fue agredido. En Cayo Hueso la licorería del español Francisco Cintas en la calle Duval fue apedreada.

Las dos breves presencias de Narciso López en Cayo Hueso germinaron el sentimiento anticolonial que dos décadas más tarde fuese la pasión del Cayo.

4
Los tabaqueros

El 10 de octubre del 1868 Carlos Manuel de Céspedes, padre de la patria cubana, le declara la Guerra a España en su finca La Demajagua. Libera a sus esclavos y los insta a unirse a sus filas de combatientes lo cual muchos aceptan. Este momento histórico se conoce en la historia cubana como el «Grito de Yara». Él da comienzo a la Guerra de los Diez Años.

España reacciona al Grito de Yara incrementando sus injusticias contra el pueblo cubano. Numerosos cubanos parten al extranjero por miedo a ser encarcelados o peor. Parten hacia varios países vecinos pero principalmente a los Estados Unidos. Las ciudades de New York, New Orleans y sobre todo Cayo Hueso reciben a los exiliados.

El Grito de Yara, el 10 de octubre de 1868, dio inicio a la Guerra de los Diez Años y al exilio cubano a Cayo Hueso.

Al llegar al Cayo los cubanos se encuentran que uno de los principales centros de trabajo es la fábrica tabaquera del alemán Samuel Seidenberg fundada en el 1867. Su fábrica, Seidenberg & Company, produce varias marcas de tabacos con hojas importadas desde Cuba. En particular su etiqueta La Rosa Española era de gran éxito comercial.

La comunidad de inmigrantes cubanos percibió el amplio mercado nacional y europeo para los tabacos de calidad y comenzaron a abrir sus propias fábricas. Muchas familias y amigos se unieron y abrieron sus propios «chinchales» en sus hogares o pequeños establecimientos. Estos a veces torcían para mayores fábricas o producían sus propias marcas.

«Gato 1871» de Eduardo Hidalgo Gato y «El Príncipe de Gales» de Vicente Martínez Ibor eran de las marcas de tabaco más cotizadas del Cayo.

Perseguidos por las autoridades coloniales en Cuba, algunos notables tabaqueros cubanos mudaron su producción desde Cuba a Cayo Hueso. Dos de los más conocidos fueron Vicente Martínez Ibor, español residente en Cuba. Su marca «Príncipe de Gales» era ya muy conocida. También lo fue Eduardo Hidalgo Gato quien más tarde llegó a tener la tabaquera más grande del Cayo con 700 empleados.

Las hojas de tabaco eran embarcadas desde Pinar del Río hasta el Cayo. No eran hojas comunes. Eran hojas de tabaco rubio de Vuelta Abajo, el más cotizado en el mundo. Los tabacos elaborados en Cayo Hueso eran considerados de la más alta calidad mundial. Sus principales mercados eran las grandes ciudades de los Estados Unidos y de Europa.

Cuando la Paz del Zanjón fue firmada culminando la Guerra de los Diez Años en el 1878, causó una gran tristeza en el Cayo. Pero con la promesa de España de parar la persecución muchos cayohuesanos regresaron tristemente a Cuba. Muchos otros se quedaron. Por unos años el Cayo sintió la ausencia de los muchos que regresaron a Cuba. La falta de obreros impactó la producción tabaquera. Pero al cabo de los pocos años debido a las malas condiciones de trabajo en las fábricas cubanas hubo un regreso masivo al Cayo.

Antes del 1868 la población del Cayo consistía en unos 5,000 habitantes. Ya para el año 1880 su población ascendía los 15,000 habitantes debido principalmente a la emigración cubana. Cayo Hueso, poco a poco empezó a oler a tabaco, café cubano y frijoles negros.

El Cayo llegó a tener 119 fábricas de tabacos produciendo unas 300 marcas. Como indicamos anteriormente La fábrica de Eduardo Gato fue la mayor con 700 empleados. Gato llegó a crear toda una pequeña ciudad conocida como Gatoville. Esta barriada tenía cientos de casitas iguales para los trabajadores con una bodega entre otras amenidades. Hoy día existe un recuerdo de estas fachadas en la calle Louisa a una cuadra de Simonton. La última fábrica de Gato, hoy convertida en oficinas, merece una visita en la esquina de las calles Simonton y Virginia. Dentro de sus antesalas y sala se pueden apreciar recuerdos y pinturas de aquella época. Otros grandes tabaqueros también construyeron barriadas para sus trabajadores.

Los tabaqueros de Cayo Hueso en conjunto con los raqueros contribuyeron a hacer de Cayo Hueso la ciudad más rica del Estado de la Florida y la décima del país. Financiaron la Guerra de los Diez Años y sobre todo la Guerra de Independencia. En adición a las fábricas de Seidenberg, Ibor y Gato hay que mencionar a las de Francisco Marrero, Cayetano Soria, Thuman, Antonio del Pino, H. R. Kelly, Julius Ellinger y P. Pohalski & Co. entre las más grandes.

El último edificio de la tabaquera de Eduardo Hidalgo Gato se puede visitar en la esquina de Virginia y Simonton.

Castellanos en su obra Motivos de Cayo Hueso comenta: «El pequeño Cayo Hueso era un centro capitalista con atracción del mundo entero por la delicada elaboración del aromático tabaco cubano».

Esta comunidad contaba con numerosas figuras de gran intelecto y liderazgo. Sobre todos hay que resaltar la figura de José Dolores Poyo quién por más de 30 años fue la fuente inagotable de inspiración patria para los cayohuesanos.

Esta información sobre los tabaqueros de Cayo Hueso la he adquirido principalmente en la obra de arte escrita por el Dr. Loy Glenn Westfall titulada «Key West Cigar City, USA». Ese libro se puede comprar en Cayo Hueso en la tabaquería del Mesón de Pepe.

5
José Dolores Poyo y Estenoz

Los exiliados cubanos de Cayo Hueso provenían de la clase media y de la clase obrera. Esta comunidad se distinguía por su patriotismo, su fervor, su generosidad y su constancia. Muchos fueron los personajes que entre 1868 y 1910 lideraron con entusiasmo esta comunidad. Pero entre todos ellos hay que resaltar la incansable participación de José Dolores Poyo y Estenoz quien fue por más de 30 años el fuego incitando la pasión de la cubanía en el Cayo por la libertad de Cuba.

José Dolores Poyo el talentoso líder de la cubanía cayohuesana del siglo XIX

José Dolores Poyo perteneció al temprano exilio. A aquellos que llegaron al comienzo de la Guerra de los Diez Años. Durante esta primera etapa de la comunidad cubana cayohuesana tenemos que añadir al nombre de Poyo el de su amigo y aliado Juan María Reyes. Ambos eran periodistas en La Habana. Ambos llegaron a Cayo Hueso y encontraron trabajo como lectores en las dos principales tabaqueras de aquellos momentos. Poyo en la fábrica Príncipe de Gales del Sr. Ibor. Y Reyes en la del alemán Samuel Seidenberg.

Cabe añadir que el trabajo de lector era una ocupación privilegiada de alto prestigio y bien pagada. También era una ocupación clave para alimentar la conciencia patria de los tabaqueros quienes escuchaban al lector diariamente. Se leían noticias, cuentos, novelas y arengas cívicas y patrióticas. El trabajo como lector de Reyes era algo precario en comparación con el de Poyo. La fábrica de Ibor eran en su mayoría cubanos exilados y contaban con el sentimiento anti colonial del Sr. Ibor. Mientras que en la fábrica del Sr. Seidenberg éste más bien simpatizaba con los españoles. De hecho muchos de sus torcedores eran españoles procedentes de Cuba y Las Canarias desde antes del Grito de Yara. Pero ambos, Poyo y Reyes, de mayor o menor forma gozaban de prestigio y estaban en posiciones desde donde liderar a la ciudadanía del Cayo. Ambos soñaban en ver a una Cuba libre y soberana.

La comunidad cubana de Cayo Hueso gozaba de un sentimiento muy especial. Se sentían como la primera ciudad de una Cuba libre. No vivían bajo el yugo español. Reinaba la libertad de esta gran nación norteamericana. Aquí se podía soñar y actuar. Y ellos soñaban que una Cuba libre también gozaría eventualmente de ese privilegio. Al Cayo lo veían como casi un experimento de lo que sería una comunidad en Cuba Libre más tarde. Esta comunidad también se sentía con el prestigio de haber ayudado en el crecimiento económico del Cayo. Poyo y Reyes como líderes de esta comunidad y amantes de este sentimiento fundaron varias instituciones para seguir fomentándolo. Reyes lanzó el periódico el Republicano con la ayuda de Poyo quién más tarde fue su editor. Poyo con la ayuda de Reyes y muchos otros abrió las puertas del

Instituto San Carlos el 11 de noviembre del 1871. También fundó la Logia Masónica Félix Varela # 64 en el 1872. Ambos, el Instituto San Carlos y la Logia Félix Varela continúan siendo hoy día parte vital de la comunidad cayohuesana.

    Es importante mencionar el gran crecimiento de la masonería entre los patriotas cubanos. Muchísimos de los líderes de la insurrección llegaron a ser maestros masones. Hasta la bandera cubana lleva símbolos relacionados a la masonería. El triángulo rojo cuyos tres lados representan la libertad, igualdad y fraternidad. Y la estrella solitaria con sus cinco puntas símbolos de las cincos virtudes masónicas. Se ha especulado que esta fue la razón principal por la cual la bandera de Narciso López fue escogida como la enseña nacional sobre la que presentase Carlos Manuel de Céspedes en el Grito de Yara. Esta última, en honor al Padre de la Patria, se designó como la bandera oficial del Congreso cubano.

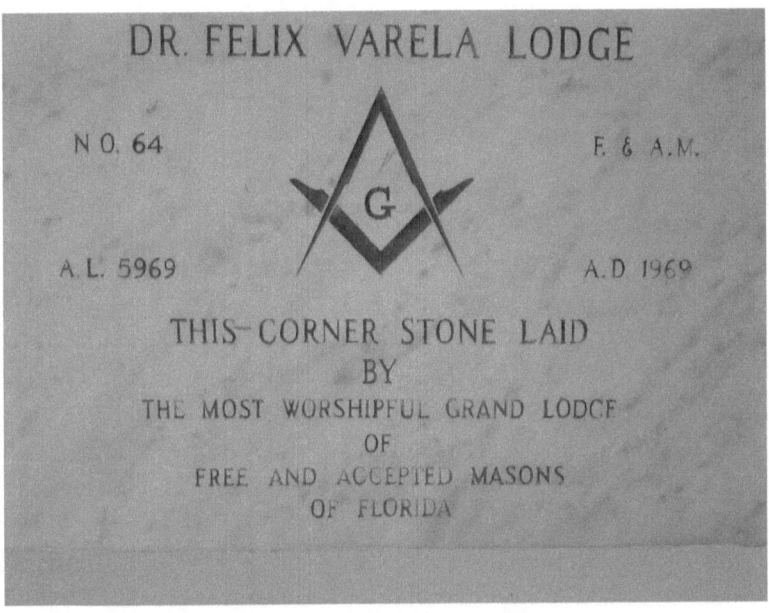

La Logia Masónica Félix Varela # 64 fue fundada por José Dolores Poyo en el año 1872, en Cayo Hueso.

Poyo fue también responsable en crear La Orden del Sol. Una sociedad secreta con el propósito de ayudar en la libertad de Cuba. El Cayo llegó a tener más de 60 sociedades secretas con el fin de ayudar a los mambises cubanos. El mayor aporte de estas sociedades era el respaldo monetario a la causa libertadora. Muchas de estas sociedades fueron infiltradas por delatores bajo sueldo del consulado español de Cayo Hueso.

Bono de la República de Cuba en Armas emitido en Cayo Hueso para la Guerra de los Diez Años y firmado por José Dolores Poyo.

En el 1878 Poyo fundó el periódico Yara. Este periódico prácticamente fue el órgano oficial del exilio cubano. Copias eran también distribuidas en Cuba con alta secretividad. El Yara circuló por más de veinte años. Aquí cabe incluir el nombre de dos conocidos patriotas quienes ya después de finalizar la Guerra de los Diez Años buscaron eventual refugio en el Cayo. Ambos de gran prestigio fueron acatados por el exilio y por Poyo en particular, José Francisco Lamadriz y Fernando Figueredo Socarrás. Poyo, Lamadriz y Figueredo, a través del Yara y las sociedades secretas, mantenían al Cayo en pie de lucha. Es importante señalar que la cubanía de Cayo Hueso lo antes que pudo penetró la política local y hasta llegó a tener dos miembros en el congreso estatal de la Florida. Para el 1873 ya las personas de origen cubano eran mayoría en el Cayo. Por lo tanto, el peso político de esta comunidad se fue sintiendo más y más a medida que pasaban los años. En el 1876, Carlos Manuel de Céspedes y Céspedes, hijo del Padre de la Patria, fue electo el primer alcalde cubano de Cayo Hueso. Sabemos también de administradores de aduanas y de un juez municipal. El propio Fernando Figueredo y Manuel P. Delgado fueron electos como representantes estatales.

Muchos de los dueños de las tabaqueras contribuyeron muchísimo con la causa cubana. Entre ellos hay que distinguir a Eduardo Hidalgo Gato quien posiblemente fue la persona que más contribuyó financieramente con la independencia de Cuba directa e indirectamente. Gato fue también un gran benefactor de la ciudad, donando tierras y hasta comenzó el primer tranvía halado por mulas.

Poyo estaba rodeado en Cayo Hueso de personas muy capacitadas con grandes recursos financieros y deseosos de cooperar con el esfuerzo armado por liberar a Cuba. Poyo, Lamadriz y Figueredo fueron esenciales para los éxitos que tuvo José Martí al llegar a Cayo Hueso y en organizar la Guerra de Independencia. En el capítulo titulado José Martí veremos porqué.

Al terminar la Guerra Hispano Americana que liberó a Cuba de la España colonial Poyo regresó a La Habana dónde llegó a ocupar el cargo de Jefe de las Oficinas del Archivo Nacional. Falleció en La Habana el 26 de octubre del 1911. Francisco Figueredo lo despidió en solemne duelo en la Logia Cuba de La Habana. Poyo logró su sueño de ver a una Cuba libre.

La grandeza de Poyo siempre fue bendecida por su modestia y sencillez y he aquí la formula de carácter que le permitió liderar por tantos años y con tanta efectividad la cubanía del Cayo. Sin embargo, por esta misma razón, el Cayo no le ha rendido merecido tributo a este gran hombre. No hay una calle que lleve su nombre ni una estatua en lugar público que reconozca su obra. Poyo vivía en lo que es hoy la calle Bahama. Mejor conocida en aquellos entonces como «el Callejón de Poyo».

Poyo y Martí llegaron a ser muy buenos amigos de mutua admiración. Hay una foto que Martí le dedicó a Poyo, la cual se exhibe hoy día en el San Carlos y lee, «El pundonor de Cuba se hizo hombre y se llamó José Dolores Poyo: a su virtud, a su talento, a su elocuencia, a su corazón, dedica este tributo. Su hermano José Martí. Key West Mayo 16 / 93».

José Martí le dedicó esta foto a José Dolores Poyo en 1893. Su texto lee: «El pundonor de Cuba se hizo hombre y se llamó José Dolores Poyo: a su virtud, a su talento, a su elocuencia, a su corazón, dedica este tributo. Su hermano José Martí. Key West, Mayo 16 / 93».

6
El Instituto San Carlos

Muchos fueron las instituciones establecidas por los cubanos del Cayo pero ninguna ha tenido la longevidad ni el impacto histórico ni el derrame de pasiones patrias como las vividas en el Instituto San Carlos, templo patrio de la cubanía. Y como si estuviese custodiado por las almas de los patriotas que en el vertieron sus llamados a las armas, fue de los primeros en fundarse y de los pocos aún en existencia a pesar de fuegos, huracanes y desolación.

Fue fundado por José Dolores Poyo y Juan María Reyes el 11 de noviembre del 1871. Fue creado como centro educacional, cívico y patriótico. Su nombre honra a Carlos Manuel de Céspedes quién en aquellos momentos de su fundación lideraba las tropas Mambisas en la Guerra de los Diez Años. Su misión, la de exaltar los más altos valores cívicos y patrios entre la cubanía del Cayo. Poyo y Reyes contaron con la amplia colaboración intelectual y financiera de Don Alejandro Menéndez quién fuese el primer director escolar del San Carlos. La escuela de varones comenzó en el mismo 1871 y se llamó Carlos Manuel de Céspedes. El primer alumno inscrito se llamó Luis Someillán. El primer edificio fue una estructura de madera, cerca del puerto en la calle Anne mejor conocido en aquella época como «el Callejón del San Carlos». Desde sus inicios contrataban a maestros cubanos y anglosajones. Fue la primera escuela bilingüe, español-inglés, de la Florida. (Es muy curioso saber que la primera escuela bilingüe de la Florida fue en San Agustín dónde se enseñaba en español y en una lengua indígena local durante los años de la conquista). La escuela para niñas del San Carlos comenzó en el 1874. La nombraron Francisco Vicente Aguilera en honor a este patriota. Una de sus primeras maestras fue Elisa Figueredo hija del querido Perucho Figueredo autor del himno nacional cubano.

Alumnos del Instituto San Carlos fundado en 1871. Foto tomada en el 1911

En el año 1884 se construye un San Carlos mucho más amplio en la Calle Fleming. Esta estructura de madera tuvo varios momentos de gloria. En el 1884 recibió la visita de Máximo Gómez y de Antonio Maceo. Máximos líderes de la insurrección cubana quienes ya venían soñando con reanudar la guerra contra la España colonial. Durante esta visita recaudan más de $5,000 dólares. En octubre del 1885 Maceo regresa, sólo esta vez. Se convoca a la cubanía al San Carlos una noche para rendir homenaje al «Titán de Bronce» y recaudar fondos. Al ser presentado Maceo, un hombre de la audiencia interrumpe y comunica que todos los presentes admiran a Maceo y que saben el propósito de su visita. El hombre sube al escenario donde sobre una mesa deja su reloj de oro. Todos los presentes le siguen y dejan un sin número de valiosas joyas para ser más tarde subastadas. Maceo totalmente conmovido por esta muestra de afecto y respaldo también sube al escenario y allí deposita sobre la mesa su propio pasador de corbatas.

Tristemente en abril del 1886 un fuego arrasa con la mitad de Cayo Hueso. La única bomba de fuegos se encontraba siendo reparada en New York. Era un día muy ventoso y casi todos los edificios desde la calle Fleming hasta el puerto caen al paso de las llamas. Casas, iglesias, edificios del gobierno, muchas de las fábricas de tabaco y el San Carlos fueron consumidas por las llamas. Fue un duro golpe para esta ciudad. Supuestamente los inicios del fuego fueron en el propio San Carlos o en una cafetería anexa al edificio. La posibilidad de que fuese un sabotaje nunca se ha descartado. El periódico Yara acusó directamente a España por esta tragedia.

El magnetismo del Instituto San Carlos iba más allá del edificio. Los cayohuesanos limpiaron el terreno del edificio quemado y a la luz del sol y la luna se reunían para celebrar sus fechas patrias y reuniones. No fue hasta el 1890 que se terminó de hacer el tercer edificio del San Carlos en un amplio céntrico terreno de la Calle Duval donde hasta hoy día se encuentra después de reconstruirse en el 1920 debido a los azotes de un fiero huracán en el 1919.

La fachada del Instituto San Carlos sobre la Calle Duval luce el escudo cubano

Una de las fábricas tabaqueras que se quemó en el 1886 fue la de Vicente Martínez Ibor. Ibor decidió por varias razones mudar su empresa a Tampa. José Dolores Poyo siendo el lector de la fábrica también marchó a Tampa por un tiempo. Estando Poyo en Tampa, Martín Herrera tomó las riendas de la reconstrucción del San Carlos. Las labores se culminaron en el 1890. Este nuevo edificio era un colosal palacio de ladrillos. La escuela ocupó su segundo piso. Jamás se imaginarían Poyo y Herrera la magnitud histórica que le aguardaba a esas paredes. José Martí estaba por entrar en la historia del Cayo.

El San Carlos era el templo patrio de la cubanía. Los sentimientos de la cubanía de Cayo Hueso se alimentaban de la lucha continua por la libertad de Cuba. En el San Carlos de estos sentimientos surgían las pasiones de esta comunidad en armas. Hay una anécdota de un letrero que cita a la población del Cayo para un evento patrio. El cartel lleva el día y la hora pero no dice donde. No tenía que decirlo. Todos sabían que tenía que ser en el San Carlos.

Todas las paradas celebrando las fechas patrias, como el 10 de Octubre, terminaban en los salones del San Carlos.

Fernando Figueredo al despedir el duelo de Poyo en La Habana en el 1911 se refirió al San Carlos diciendo «Era el templo sagrado, el santo altar, en que a toda hora comulgaba el patriotismo de aquella bendita agrupación de cubanos».

Gerardo Castellanos en su exquisita obra «Motivos de Cayo Hueso» refleja; «San Carlos fue el sitio de mayor popularidad y cariño del peñón. Casa de todos. Se iba al San Carlos con más fervor que los creyentes a sus templos. No existe en Cuba un club o sociedad que tenga en su historia tanta grandeza: tragedia, dolor, sacrificio, desinterés, lágrimas, episodios y alternativas varias e interesantes; levantado y mantenido por modestos elementos; que haya albergado a los hombres más grandes de la Cuba revolucionaria; que haya sido ubre alimentadora de tantas demandas».

Les comparto los nombres de los patriotas que sabemos pasaron por el San Carlos y que hablaron desde su tribuna. En adición a los patriotas locales como Poyo, Herrera, Gato, Lamadriz, Figueredo, etc. estuvieron Martí, Maceo, Gómez, García, Aguilera, Crombet, Cisneros Betancourt, Varona, Gonzalo de Quesada, Sanguily, Céspedes, hijo, Panchito Gómez Toro, Fermín Valdés Domínguez, Carlos Roloff, Serafín Sánchez y «Mayía» Rodríguez entre muchos otros. La tribuna o podium del San Carlos de los 1890s desde dónde hablaron tantos patriotas se encuentra en el Museo Bacardí de Santiago de Cuba.

La histórica tribuna del San Carlos se exhibe en el Museo Bacardí de Santiago de Cuba.
Foto: cortesía Ámbito de Martí de Zéndegui

Dos de los días más tristes vividos en el San Carlos fueron la velada fúnebre del patriota y patriarca de la comunidad cayohuesana José Francisco Lamadriz en febrero del 1892 y cuando se supo sobre la muerte de José Martí. El día más feliz fue posiblemente el 20 de mayo del 1902 cuando se celebró al igual que en Cuba el inicio de la República.

La vida cultural del San Carlos con obras, conciertos y recitales era también amplia y espejo del talento que habitaba en el Cayo.

En las páginas de su sitio en la red, www.institutosancarlos.org, podrá leer su historia en detalle. Mejor aún, visítelo en el 516 de la Calle Duval. Usted puede ser parte de su historia ayudando en su preservación a través del programa AMIGOS del SAN CARLOS visitando su sitio en la red o durante su visita al plantel.

Las paredes del San Carlos encierran un sentimiento muy especial. Para muchos visitantes es un impactante encuentro íntimo con el legado histórico de Cuba. No deje de visitar este templo patrio de la cubanía. Lleve a sus hijos, a sus nietos y un pañuelo limpio.

7

Las calles del Peñón

La base económica creada por la producción del tabaco en Cayo Hueso durante la segunda mitad de los 1800s dio lugar a toda una infraestructura de ciudad cubana dentro del cayo anglosajón. Escuelas, clínicas, iglesias, restaurantes, heladerías, centros de baile y diversión, logias masónicas, clubes, juegos de dominó y cartas, peleas de gallo, retretas en el parque, desfiles. Cayo Hueso se convirtió en una pequeña ciudad cubana dentro de los Estados Unidos. Se llegó a hablar más español que inglés aunque la cubanía aprendía el inglés con afán.

La llegada de los cubanos a Cayo Hueso comenzando en el 1868 fue masiva comparándola con la población local. En unos pocos años los cubanos ya eran mayoría. Como los cubanos en casi su totalidad trabajaban en las fábricas de tabacos y otros oficios relacionados no representaban un problema laboral para los locales. Al contrario el consumo adicional de los nuevos emigrados ayudó a la población y a la economía local.

Las relaciones entre los cubanos y los demás habitantes fueron mejorando a medida que el cubano fue aprendiendo inglés. La relación entre hermanos masones y feligreses en particular en las iglesias Episcopal y Metodista ayudaron mucho a ir fundiendo a la ciudadanía nativa y a los nuevos emigrados cubanos. La participación en la política local por parte de los cubanos también ayudó en este aspecto. Los cubanos se hacían ciudadanos en cuanto podían. Esto les permitía votar, afiliarse a los partidos políticos, portar armas y participar en los grupos de seguridad armada donde recibían entrenamiento. Claro que esto fue muy útil para aquellos que más tarde se unieron a los mambises. Casi todos los cubanos se afiliaron al Partido Republicano, al partido de Lincoln. También había quien le decía el «partido de los negros» pues casi todos los afroamericanos del Cayo eran miembros de este partido. Muchos miembros de esta raza cooperaban con los cubanos sabiendo que el abolir la esclavitud era una de las metas de una Cuba libre. En el 1876 fue electo el primer alcalde cubano, Carlos Manuel de Céspedes y Céspedes, hijo del Padre de la Patria cubana.

Busto de Carlos Manuel de Céspedes y Céspedes, hijo del Padre de la Patria y primer alcalde cubano de Cayo Hueso

La comunidad cayohuesana estaba organizada en cédulas y clubes revolucionarios. El principal de ellos era «La Orden del Sol» fundado por Poyo. Antonio Maceo y Máximo Gómez eran miembros honorarios de este club.

Cada miembro secreto de este club tenía que formar al menos un club secreto. El propósito principal era recaudar fondos e involucrarse en actividades cívicas que ayudasen a la comunidad y a la libertad de Cuba. Las hijas y la esposa de Poyo fundaron un club femenino muy importante y ayudaron a otras damas a fundar otros. Hubo un momento en que había más de 60 clubes activos en la comunidad. Hubo cayohuesanos no cubanos que participaron en éstos. Muchísimos anglosajones cooperaban con la causa cubana. Es por esto que en la visita de Martí en noviembre del 1892 Poyo le pidió que hablase una noche en inglés en el San Carlos para agradecerles a estos aliados su ayuda y participación.

Los periódicos eran también muy importantes en la vida del Cayo y para mantener viva la pasión por la patria. De los primeros importantes fue «El Republicano» inaugurado por Juan María Reyes. Más tarde «El Yara» fundado por Poyo llegó a ser el principal vocero del exilio dentro y fuera de los Estados Unidos. Hasta en Cuba se repartían en secreto. Más tarde en el 1892 cuando Martí lanzó el «Patria» en New York también circulaba en el Cayo. Hubo muchos otros y entre ellos uno bilingüe.

Uno de los momentos más tenebrosos de la vida del Cayo fue causado por una controversia epistolar entre el periodista Gonzalo Castañón, editor de «La Voz de Cuba» en La Habana y Juan María Reyes en el Cayo. Castañón era un rufián totalmente vendido a la España colonial y protector de los temibles Voluntarios españoles, milicia callejera de extrema violencia en Cuba pro-España. Varían las exactitudes de los acontecimientos por parte de los historiadores pero lo siguiente parece ser lo ocurrido. Castañón a propósito buscando pleito califica de prostitutas a las mujeres del Cayo. Reyes en un editorial del Republicano le responde, limpiando el piso con la persona de Castañón. Este último reta al viejo Reyes a un duelo. Reyes acepta. Castañón se aparece en el Cayo el 29 de enero del 1871 con seis ayudantes y se hospeda en el Russell House, en la 114 Duval justo al frente del Republicano de Reyes. Castañón le envía un mensaje a Reyes que se presente en el Russell House para hacer los arreglos del duelo. Reyes se presenta con unos tres amigos. Al llegar Reyes al vestíbulo del Hotel, Castañón, mucho más grande y fornido que el viejo Reyes, le restriega una copia del Republicano en la cara con una cachetada. El patriota Mateo Orozco saca una pistola al igual que Castañón y se disparan. En la balasera Castañón cae muerto y Orozco se escapa herido. Esto sucedió el 31 de enero. El cuerpo de Castañón llega a La Habana donde los Voluntarios le despiden en solemne sepelio. Orozco es absuelto por la justicia del Cayo por actuar en defensa de Reyes y pasa a ser un héroe de la comunidad. Pero esta historia no acaba aquí. Fue el preámbulo a uno de los capítulos más criminales de la España colonial. El 27 de noviembre del mismo año, los Voluntarios en La Habana fusilan a ocho estudiantes de medicina falsamente acusados de haber rayado la tumba de Castañón. Un mensaje claro de venganza dirigido al Cayo. Más que postrar al patriotismo de los cayohuesanos los instó a luchar con más determinación contra un enemigo más cruel aún de lo pensado.

Los estudiantes de medicina que fueron cruelmente fusilados el 27 de noviembre de 1871.

Una de las ocupaciones más solitarias del Cayo era la del cónsul español. Además de estar a cargo de trámites de aduanas y emigración, la labor principal de éstos era la de espiar en la comunidad y reportar al gobernador en La Habana. El cónsul trataba de contratar espías en las tabaqueras y trataba de infiltrar las sociedades secretas. También reportaba sobre las visitas que venían al Cayo de otras comunidades del exilio. Constantemente se quejaba ante las autoridades locales y estatales por las actividades bélicas planeadas por los cubanos en el Cayo. A uno de los más odiados la Banda Libertad lo acompañó hasta el puerto sarcásticamente despidiéndole cuando llegó el fin de su cargo.

Había varias bandas de música en la comunidad. La principal fue la Banda Libertad organizada en el San Carlos por José González Mendoza. Contaba con unos 27 miembros de alto talento musical y patriotismo. Entre ellos se distinguía el patriota colombiano Rogelio Castillo y Zúñiga. Esta banda es la que iba al muelle a recibir y despedir a los visitantes. Muchas veces participaba en las actividades de la comunidad anglosajona. El himno más tocado era La Bayamesa. He leído que muchos no cubanos ya sabían tatarear sus estrofas. Ya que la comunidad buscaba cualquier excusa para un evento patrio, era rara la semana cuando la Libertad no marchaba por las calles del Cayo. La banda fue oficialmente disuelta en ceremonia a fin en Guanabacoa, Cuba en el 1899 después de un concierto.

Una práctica común de la cubanía en el Cayo era el de cambiar los nombres de las calles. Quizá al crear sus propios nombres se sentían más en casa. Por ejemplo, a la calle Duval le decían Banderas, a Simonton Tablas, a Whitehead Farola, a Eaton Iglesias, a Southard Cuarteles, a Elizabeth Esponjas, a Ann, el Callejón del San Carlos y a Bahamas, el Callejón de Poyo entre muchas otras.

Uno de los grandes ausentes del Cayo era la influencia de la iglesia Católica. Esto se debía en parte a la postura pro-España colonial que mantuvo el Vaticano. También se debía a los ataques directos del Arzobispo de La Habana, Jacinto Martínez. En el 1872 este último llamó de impíos a los feligreses católicos del Cayo por haber celebrado en la iglesia el aniversario del 10 de Octubre. Al padre local también lo regañó. Castellanos nos comparte: «Aunque los párrocos católicos fueron en el peñón varones virtuosos y de benevolencia, sin haber provocado cismas con los protestantes, eran escasos los cubanos que les seguían». Las iglesias protestantes tenían una postura muy diferente. En particular la Episcopal y la Metodista lograron muchos conversos entre los cubanos del Cayo. Dos elocuentes ministros, uno episcopal, Juan Bautista Báez y otro metodista, Enrique B. Someillán combinaban a Dios y Patria en los sermones dominicales que eran bien asistidos por la cubanía. Un curioso detalle es que al finalizar la Guerra Hispanoamericana las iglesias protestantes también invadieron a Cuba. Muchos de los misioneros enviados fueron cubanos cayohuesanos. Un seminario metodista episcopal fue inaugurado en el 1901 parcialmente con este propósito. Este «Key West Seminary» se encontraba en la calle United. Sin embargo, la verdadera pasión del Cayo no era la religión, era el patriotismo y la libertad de Cuba y su templo sin rival, el San Carlos.

Una de las primeras escuelas del Cayo fue una escuela católica para niñas fundada por hermanas canadienses. Esto fue en el 1869 y se llamó Mary Immaculate. Asistían 23 alumnas. El San Carlos fue fundado en el 1871 como escuela bilingüe. Más tarde otras escuelas cubanas abrieron sus puertas. El veterano de la Guerra de los Diez Años Emilio Aymerich y Aulet inauguró La Enseñanza Objetiva en el 1317 Duval donde hoy día se encuentra el Hotel Avalon. También por el 1888 se fundó en Truman y Duval la Escuela Laica de Arturo Cunill. Este último era muy activo en la Logia Félix Varela. Martí disfrutaba mucho al visitar estas escuelas, dar clases y participar en las examinaciones.

Cuando pienso en Martí en Cayo Hueso lo vislumbro caminando por la calle Duval entre Truman (en aquellos tiempos se llamaba Division) y South. Por allí estaban muchos de sus amigos. Allí en el 1220 de Duval estaba la casa de Figueredo donde Martí casi siempre dormía, la casa de Teodoro Pérez en el 1123 Duval a una cuadra, la escuela de Aymerich en el 1317, la fábrica de Gato a pocas cuadras en Virginia, la escuela de Cunill en Truman al igual que el hotel de Herrera a una cuadra en Truman y Whitehead. Su amigo Parlá con la tienda de juguetes estaba cerca de South Beach.

Había varios hoteles en Cayo Hueso. Parece ser que el Hotel Duval de Madame Bolio y el Russell House eran los más conocidos. Estos se encontraban junto al puerto, frente uno al otro en el 119 y 114 Duval. El patriota Martín Herrera tenía un hotel muy conocido en la esquina de Truman y Whitehead, el Hotel Monroe.

Martín Herrera fue uno de los ciudadanos más pintorescos y queridos del Cayo. Era el alma abierta de Cayo Hueso. El que todo lo daba por el prójimo. Siempre de buen humor y con frases muy suyas y cómicas. Nunca tenía un centavo y siempre al punto de la bancarrota pues su hotel y su bodega de víveres mantenían a todos aquellos que vinieran en busca de ayuda. Cuando llegaba una nueva familia al Cayo se hospedaban en el Monroe. Si pagaban o no era irrelevante. Su constante entusiasmo con la palabra suelta hacía reír a muchos. El primer día que Martí hablase en el San Carlos, el 3 de enero 1892 los grandes líderes de la comunidad se turnaron en gran elocuencia dándole la bienvenida a Martí. Cuando llegaba el turno de Herrera todos paraban de respirar en espera de ver que iba a decir. Esa noche dijo una frase que se quedó en la historia folklórica del Cayo. «A los españoles tenemos que cortarles el rabo hasta su último carretel». Herrera llegó a vivir en una Cuba libre. Falleció en San Juan y Martínez, Pinar del Río el primero de agosto del 1922. Hay una pintura muy bonita, un retrato de su persona, en el San Carlos al cual dedicó mucho de su pasión y talento.

Retrato de Martín Herrera en el San Carlos.

Claro que el Cayo también tenía restaurantes cubanos. Uno de los más conocidos con comida española y cubana era el restaurante Victoria en la esquina de Duval y Eaton donde hoy día se encuentra el Sloppy Joe's. Su dueño era un español muy anticolonial. En una de las visitas de Martí ofreció una cena para 30 personas en su honor. Este gran señor tenía un nombre no fácilmente olvidado por la población anglosajona del Cayo, Farto. En la Calle Front había un restaurante muy elegante y querido por todos en el Cayo de comida Americana, The Louvre. En el 720 de la calle White estaba el restaurante de Domingo Abelar donde los patriotas se reunían a conspirar. Allí también estuvo Martí.

Los vapores Mascotte y Olivetti cubrían la ruta Tampa-Cayo Hueso-Habana. Uno de ellos llegaba al Cayo cada lunes, jueves y sábados. A veces llegaban de La Habana y a veces de Tampa. Estos fueron los más fieles. Hubo otros procedentes de New Orleans, Savannah y Jacksonville pero con menos frecuencia.

Foto del vapor Olivetti que junto con el Mascotte cubrían la ruta Tampa-Cayo Hueso-La Habana.

El exilio de los cubanos en Cayo Hueso no tuvo un final perfectamente feliz. Ya hacia los últimos años las disputas laborales entre las uniones de tabaqueros y los dueños no cubanos causaron huelgas, peleas, fábricas quemadas y una comunidad dividida. En particular el problema principal surgió en la fábrica Seidenberg de La Rosa Española donde sus dueños no muy a favor de la liberación de Cuba reemplazaron a los cubanos huelguistas con españoles de Cuba hábilmente asistidos por el cónsul español. Con la ayuda de un joven abogado de Washington amigo de Martí y el respaldo de Samuel Gompers, presidente de la Federación Obrera Americana se logró terminar el conflicto a favor de los trabajadores cubanos. Pero el saldo fue un duro golpe para el Cayo. Muchos de los tabaqueros marcharon a Ibor City, a Tampa, a West Tampa y a Ocala. En el Cayo se quedó Eduardo Hidalgo Gato y otros. Por suerte los tabaqueros cubanos desde sus nuevas cedes continuaron su respaldo a Martí. Estos eran críticos tiempos en el 1894 cuando la Guerra de Independencia estaba por llegar.

Cayohuesanos jugando al dominó.
Museo Cayo Hueso-Habana, Mesón de Pepe.

8

José Martí

José Julián Martí y Pérez nació en La Habana el 28 de enero del 1853. Desde temprana edad creó conciencia a favor de la libertad de Cuba. Sus actividades anti-coloniales lo llevaron a servir varios años de cárcel en Isla de Pinos. Desde su perdón vivió mayormente en exilio fuera de Cuba. En el 1880 se mudó para New York dónde se destacó por su patriotismo, su fulminante oratoria y brillante pluma. En el 1891 ya era conocido por los viejos líderes que participaron en la Guerra de los Diez Años y su elocuencia ya era legendaria entre los miembros del exilio cubano. El 10 de octubre del 1891 habló en New York City ante la cubanía y su discurso fue aclamado por los periódicos del exilio. Ese año el Frente Patriótico Ignacio Agramonte de Tampa invita a Martí como orador a la velada fúnebre del 27 de Noviembre en recordación a los estudiantes de medicina fusilados en Cuba en el 1871. Esta sería la primera visita de Martí a la Florida.

La oratoria de Martí en Tampa creó un furor incontenible. La audiencia se lanzaba a abrazarlo y besarlo al concluir sus arengas revolucionarias. Los dos discursos de Martí en esa jornada, los días 26 y 27, conocidos como «Los Pinos Nuevos» y «Con todos y para el bien de todos» están entre sus más conocidos y celebrados. Los periódicos tampeños publicaron a llenas el magnetismo causado por la presencia y la oratoria de Martí a quien ya las multitudes venían apodando como «el maestro» y «el presidente» entre otros nombres que honraban su persona.

Cuando los periódicos de Tampa llegan a Cayo Hueso y los tabaqueros leen sobre lo acontecido en Tampa, le piden a los líderes cayohuesanos, Poyo, Lamadriz y Figueredo que le extiendan una invitación a Martí para que visite al Cayo. Martí solo tenía 38 años de edad. Casi todos los viejos líderes de la insurrección desconfiaban o tenían algún celo sobre este joven que nunca había disparado un tiro pero ya ejercía gran influencia sobre la cubanía. Lamadriz había conocido a Martí personalmente ya que los dos habían participado en una iniciativa liderada por Calixto García años atrás. A pesar de esto el triunvirato cayohuesano (Poyo-Lamadriz-Figueredo) decidió encomendarle la invitación a un grupo de líderes contemporáneos en edad a Martí. Este grupo estaba encabezado por Ángel Peláez, Frank Bolio, Serafín Bello y Gualterio García entre otros.

Ya cuando Martí viaja a Tampa en noviembre, él tenía un plan de cómo organizar el exilio para reanudar la lucha armada contra España. Martí quería que cada comunidad aportase sus ideas. En aquellos momentos New York, Tampa y Cayo Hueso eran los tres centros más importantes del exilio. En cada ciudad operaban un número de células revolucionarias. En New York Martí había liderado el contenido de Los Estatutos Revolucionarios. En Tampa durante su visita Martí prácticamente llevó de la mano al grupo que redactó las Resoluciones de Tampa.

Cuando Martí recibe la invitación de visitar a Cayo Hueso se llenó de gran alegría. Pero él temía que en una comunidad donde tantos líderes y veteranos de la Guerra de los Diez Años habitaban, él no sería bienvenido. En el Cayo vivían más de 20 altos oficiales de la Guerra de los Diez Años. Cayo Hueso era también la comunidad más rica del estado floridano y la décima en todo el país estadounidense. Lucros provenientes de las 119 fábricas de tabaco del Cayo habían sido generosamente otorgados a las campañas de liberación pasadas y el soñaba en tener también este respaldo para la nueva lucha. Martí respondió a la invitación positivamente con regocijo. Preparó a un grupito de New York y de Tampa para que lo acompañase a presentar los Estatutos Revolucionarios y las Resoluciones. El aspiraba a hacer lo mismo con las células del Cayo durante su visita. Reunirse con sus líderes a forjar un plan de lucha que representase al Cayo. Una vez obtenido esto los tres grupos se reuniesen para integrar sus trabajos en un plan final que representase a todo el exilio cubano.

El vapor Olivetti cubría la ruta Tampa-Key West-Havana y Havana-Key West-Tampa. Tres veces por semana llegaba al puerto cayohuesano. El 25 de diciembre del 1891 entre sus pasajeros en la ruta Tampa-Key West se encontraba José Martí y su comitiva de patriotas. La despedida en el puerto de Tampa había sido apoteósica. Esta era la primera visita de Martí al centro más importante del exilio cubano. Martí sufría de alguna gripe y alta fiebre. Pero sus expectativas le hacían olvidar su padecer. Entre sus preocupaciones resaltaba como se llevaría con José Dolores Poyo. El obtener el respaldo de Poyo sería el mayor éxito de esta visita. Martí le tenía gran admiración aunque no se conocían. Ellos se habían intercambiado correspondencia y Martí refiriéndose a una posible visita al Cayo le escribió «Mándeme y verá cuan viejo es mi deseo de apretar sus manos fundadoras».

Martí con el grupo de líderes cubanos de Cayo Hueso que lo invitaran a su primera visita en diciembre de 1891.

En horas de la tarde llega el Olivetti al puerto de Cayo Hueso. Ya desde la distancia se ve la multitud congregada en espera de este ícono nunca visto en el Cayo. La Banda La Libertad, la más conocida de la comunidad se encuentra presente. Entre la multitud de hombres, mujeres y niños resaltaban numerosas banderas cubanas. En cuanto Martí aparece saludando desde la escalerilla resuenan los aplausos y los vítores de bienvenida. Al pie del muelle lo espera su viejo amigo Francisco Lamadriz con la comitiva que lo invitara. Hay un breve silencio al encontrarse Martí y Lamadriz. Alguien menciona algo sobre el encuentro de un pino viejo con un pino nuevo, en referencia al discurso de Martí en Tampa. Al abrazarse los dos patriotas la multitud rompe en otro efusivo aplauso y la banda dirige el desfile unas tres cuadras hasta el Hotel Duval. A Martí le ofrecen un coche a caballos para llevarlo hasta el hotel pero gentilmente declina diciendo «No, gracias por tanto cariño: ¿dónde podré ir mejor que llevado en las alas de ternura que me tiende mi pueblo?».

Se especula que quizá hubo una gota de tristeza en Martí al no ver a Poyo en el muelle. Pero tampoco se sabe si Lamadriz le diese un saludo en su nombre. El médico le recomendó a Martí a su llegada que guardara cama por unos días a ver si le bajaba la fiebre. Las principales figuras de la vida política y económica del Cayo visitaron a Martí mientras guardaba cama y desde allí comenzó su cabildeo logrando adelantar su cometido. Entre los visitantes estuvo José Dolores Poyo. Ya sintiéndose mejor Martí salió a las calles a conocer a la población. Una de sus actividades favoritas era la visita a las fábricas de tabaco donde tomaba el puesto del lector para dirigirse a la concurrencia. La combinación de las fiestas Navideñas y de Año Nuevo y la presencia de Martí en el Cayo hizo de esas dos semanas un recuerdo inolvidable para sus habitantes. Uno de los momentos más comentados fue la visita de Martí a la fábrica de Eduardo Hidalgo Gato. Al llegar a la fábrica la habían decorado como para un carnaval. Había letreros de bienvenida a Martí y hasta un cañonazo en honor al ilustre visitante. Se especula que fue durante esta fiesta en la fábrica de Gato que una señora por primera vez se refiriese a Martí con la palabra «Apóstol». Gato llegó a ser un gran amigo de Martí y fue posiblemente la persona que directamente e indirectamente (a través de sus empleados) más ayuda financiera prestara a la Guerra de Independencia cubana. Similares encuentros entre Martí y la ciudadanía del Cayo tuvieron lugar en muchas de las tabaqueras donde Martí pudo lanzar su oratoria. Las invitaciones y los festejos planeados colmaron la visita del ilustre visitante esas dos semanas.

Cuando Martí se sienta con Poyo, Figueredo y Lamadriz para hablar sobre la organización de un partido político y la necesidad que Cayo Hueso produzca un documento similar a los de New York y Tampa, Martí se queda atónito al leer el documento que este triunvirato había preparado bajo la Convención de Key West. «Aquí ya está todo hecho» exclamó Martí al leerlo. Este documento se comenzó en secreto absoluto en diciembre del 1889 por estos tres patriotas y otros colaboradores como Teodoro Pérez, el profesor y veterano de la Guerra de los Diez Años Emilio Aymerich, el colombiano Rogelio Castillo y Gerardo Castellanos Leonart. En la casa de este último, en la hoy día 521 Calle Truman se reunían los patriotas al igual que en la escuela de Aymerich donde hoy día se encuentra el hotel Avalon en la 1317 Duval. Martí no se había percatado de la tremenda labor ya realizada por la Convención Cubana del Cayo. Ella contaba con numerosas células dentro de Cuba y a través del Caribe y Centro América.

Los grupos de New York, Tampa y Cayo Hueso se reúnen con frecuencia la última semana del año y los primeros días del 1892. Entre los grandes talentos de Martí también figuraba el ser un gran conciliador. El logra que los tres grupos dejen a un lado los puntos más divisorios y con gran favoritismo a los trabajos de la Convención de Key West se redacta lo que serán las «Bases» del Partido Revolucionario Cubano. El 3 de enero se convoca la ciudadanía al San Carlos dónde numerosos líderes hablan hasta llegar a Martí. Este sería el primero de muchos inolvidables discursos que Martí daría en el San Carlos en el 1892, 1893 y 1894. Esta invitación a que Martí hablara en el templo patrio de la cubanía ya llevaba la aceptación de la comunidad cayohuesana de este nuevo líder que con su carisma y elocuencia les había conquistado.

Además de la unión del exilio y el haber redactado las «Bases del Partido Revolucionario Cubano». El tercer logro importante durante esta primera visita de Martí fue el convencer a los tabaqueros de Cayo Hueso y Tampa que ayudarán a financiar la guerra. Muchos de los talleres estuvieron de acuerdo en aportar su salario de un día por mes al PRC. Posteriormente casi todos participaron al igual que los de Tampa, Ocala y los pocos de New York. Este respaldo económico le permitió a Martí eventualmente dejar sus principales ocupaciones y dedicarse de lleno a preparar la Guerra de Independencia. Les comparto dos de las muchas respuestas por escrito que le fueron enviadas a Martí por los tabaqueros. Estas dos se encuentran en la maravillosa compilación de cartas dirigidas a Martí publicadas por Luis García Pascual. Ambos del Archivo de la Profesora Diana Abad y Muñoz.

«*Sr. Delegado del PRC:*

Tenemos el gusto de haceros presente que el taller de los Sres. Trujillo Benemeli está dispuesto a trabajar el día que tenga a bien designarle, lo cual tenemos el placer de poner en vuestro conocimiento.

Por el Taller la Comisión.
  Francisco Carrasco
  Manuel Orta

Cayo Hueso, diciembre 2 del 1892».

«*Al Delegado y miembros del Consejo Local de Presidentes.*

Compatriotas:

Los abajo firmantes, representantes de los Sres. operarios del taller del Sr D. Villamil, respetuosamente os comunican en la brevedad que las circunstancias lo exigen; la espontánea resolución del taller, de consagrar un día de su trabajo al mes para la Patria al igual de los demás talleres de la localidad.

Respetuosamente,

La Comisión,
  Rufino Rodríguez
  Félix Delgado
  Fernando Guerra

Key West, Diciembre 1 del 1892».

En exhibición en las paredes del San Carlos hay una muestra original del «Recibo de Honor» que le daban a los tabaqueros cuando aportaban su mensualidad.

El martes 5 de enero fue otro gran día para la cubanía en el San Carlos. Una gran fiesta de despedida fue organizada en honor a Martí. Hubo música, poesía y elevada oratoria. La comunidad no cabía en el San Carlos. No fuese justo con usted, el lector, si no le compartiese textualmente las letras del autor Gerardo Castellanos G. quien estuvo presente esa noche en el San Carlos, aquí su recuento:

«Ocho y media de la noche. Todas las lunetas, palcos, lugares de galería y hasta los pasillos, estaban ocupados por un gentío dos veces mayor que su capacidad. Bien lo recuerdo, me consta el exceso, porque precisamente yo, no pudiendo entrar tuve que, con mucho peligro, subirme por un andamio exterior y meter la cabeza por un hueco, donde me mantuve largas horas, no con el ánimo de oír los números de la velada sino únicamente a Martí. Martí y los miembros más destacados de los clubs y de la Convención, ocupan sitio de honor. El teatro estaba engalanado con banderas y cortinajes. Lo más florido del peñón estaba allí. En la calle más de un millar de personas aspiraba a oír al hombre del día.

Abre la velada el presidente José Francisco Lamadriz, de luenga barba blanca. Fueron breves sus palabras.

Gran marcha al piano titulada Las Profecías de Martí, por la niña María Luisa Sánchez.

Discurso por la niña María Padrón.

Recitación por Federico Corbet.

Variaciones al piano y violín por la señorita Juana Herrera de Borrego y el Sr. Alfredo Vialet. La culta Borrego figuraba siempre entre las cooperadoras graciosas en todas las veladas de la patria.

Canción La Luz de la Luna por la niña María Luisa Sánchez y el joven Gabriel Ferro.

Melodías en la cítara por el profesor David Foold, un generoso extranjero que de este modo ayudaba a los cubanos.

Recitación de la niña Melitina Azpetia. Era esta otra niña prodigio en la recitación y las representaciones, que formaba airoso dúo con María Luisa Sánchez. Melitina hasta años mayores no se apartó de servir a Cuba con su colaboración artística.

Canción La Lola, por la niña María Luisa Sánchez.

Recitación por Manuel G. Mendoza.

Gran cuadro plástico titulado: Una de las glorias de Cuba, donde aparecía el retrato de Martí.

La chistosa pieza cómica de un acto La Casa de Campo, por la Sra. Borrero de O'Reiley y los Sres. Rivera, Valdespino y Pedreguera. Aficionados muy discretos y muy buenos patriotas.

Terminando el número doce del programa, llegó el final, el trece, de Martí...

Se levantó. Caminó hasta el extremo del escenario. Nada se movía. Sin exageración puedo afirmar que se oían los latidos de los corazones. Y eso que todavía Martí no había definitivamente sugestionado a todos los emigrados.

Yo lo recuerdo: desde mi hueco en la altura, sosteniéndome con peligro de caer, aún pasado cuarenta y tres años me tiembla la voz y el pulso al escribir y recordar como esperaba yo la primera palabra de Martí. ¿Estaba paralizado el público? ¡Que fervor! Por fin con la mano izquierda en la espalda, con ternura en el rostro, abarcando a todos con la vista, extendió, muy levemente, la mano derecha, con el puño levemente cerrado, elevó el índice marcando hacia el salón, y lanzó suavemente, el sonoro y mágico: ¡Cubanos!

Habló el maestro. En la recopilación que hizo de la labor artística de los aficionados, no faltó una frase hermosa para cada uno. A seguidas apareció el tribuno grandioso, tejiendo en torno a la política a seguir, la unión que el ahora mismo estaba forjando. Esa noche de modo impresionante para todo el público citó los nombres de numerosos patriotas a quienes por primera vez había estrechado a su llegada. Aquel subyugado, enardecido auditorio, es curioso que por no perder gesto ni palabra del orador no aplaudía, no se atrevía a interrumpir la violenta marcha de la catarata, sino que esperaba... Solo cuando una pausa era larga, ve-

nía, no el aplauso, sino unísono estallido que solía sostener durante largos minutos.»

Martí por último subió al balcón del segundo piso del San Carlos sobre la Calle Duval para saludar a todos los que no pudieron entrar a su despedida.

Réplica en madera de Martí sobre el balcón del San Carlos.
Museo Cayo Hueso-Habana, Mesón de Pepe.

Tres meses después, el 10 de abril, oficialmente se proclama en New York la existencia del Partido Revolucionario Cubano. Simultáneamente la comunidad cayohuesana se reúne en celebración en el San Carlos.

Después de esta primera visita de Martí al Cayo, el regresó por lo menos seis veces más en preparación de la Guerra de Independencia. Tuvo un gran número de buenos amigos cayohuesanos. Entre ellos los tabaqueros Eduardo Gato y Teodoro Pérez. En sus siguientes visitas al Cayo hubo una cierta rutina que se contemplaba. La multitud, más de 5 mil personas, bandas y banderas esperaban a Martí en el puerto. La parada tomaba la Calle Duval pasando por el San Carlos y culminando en la casa de Teodoro Pérez. Una vez allí se subía Martí en el balcón del segundo piso y no lo dejaban tranquilo hasta que dijese algunas palabras. La casa de Teodoro llegó a ser conocida por la cubanía como «La Terraza de Martí». Hoy día el edificio se mantiene en pie en el 1123 de la Calle Duval. El popular restaurante/albergue/cantina La Te Da ahí se encuentra hoy día. El nombre La Te Da surge de la misma manera que el nombre de Key West, el anglonizaje de «La Terraza de Martí».

La «Terraza de Martí» en la calle Duval. Hoy día «La Te Da».

Durante una visita de Martí, el 10 de octubre del 1892 se inauguró un obelisco en el cementerio donde ya se encontraba un tributo a los mártires de la Guerra de los Diez Años. El obelisco y el monumento siguen en pie hoy día. Hay muchas anécdotas sobre las visitas de Martí al Cayo. Una de mis favoritas es la de la familia que le da a Martí un dinero para que se compre un par de zapatos ya que los suyos estaban algo gastados. Martí sale de compras y regresa con un rifle diciendo; «esto es lo que necesitamos». Una señora mayor ya fallecida en un artículo que circuló en la prensa local por los años del 1970 recuerda como siendo una estudiante en el San Carlos, Martí la besó en la frente durante una de sus visitas al plantel.

El Cayo fue para Martí el centro más importante del exilio. El veía el futuro de Cuba libre en su comunidad. Una comunidad trabajadora, cívica, patriótica, alegre, integrada, dónde el derecho y la importancia de la mujer y de todas las razas, religiones y clases sociales se respetaban.

Ya hemos mencionado que la primera visita de Martí al Cayo fue del 25 de diciembre, 1891 al 6 de enero 1892. En el 1892 regresó el 7 de julio por dos semanas y el 9 de noviembre por tres semanas. En el 1893 hizo tres visitas en los meses de mayo, septiembre y diciembre. Su última visita parece haber sido en mayo del 1894.

Habló en el San Carlos por lo menos en nueve ocasiones. Siete en español y dos veces en inglés. Los dos discursos en inglés fueron el 23 de noviembre del 1892 y el 18 de mayo del 1894. En el primero dio gracias a la comunidad anglosajona y hebrea por su respaldo a la causa cubana y explicó las condiciones en Cuba y lo que representaría para los Estados Unidos una Cuba libre. En el segundo discurso del 1894 trató de aplacar los ánimos de la comunidad envuelta en una batalla laboral entre los trabajadores y los dueños de fábricas de tabaco.

Durante su primera visita se hospedó en el Hotel Duval. También en una de sus visitas se hospedó pocos días en el Hotel Monroe de Martín Herrera que se encontraba en la esquina de Whitehead y Truman. Pero parece ser que mayormente dormía en la casa de Fernando Figueredo en el 1220 de la Calle Duval. Allí había una habitación conocida en la comunidad como «el cuarto de Martí». Tristemente esa casa ya no existe.

La última visita de Martí a Cayo Hueso fue el 16 de mayo del 1894. Hay una foto en el San Carlos donde se encuentra Martí con Fermín Valdez Domínguez y Panchito Gómez Toro durante esta última visita. Fermín, su mejor amigo desde la infancia, se había mudado al Cayo en el 1893 y ejercía como médico. Panchito allí se encontraba viajando con Martí quien quería que los militares y veteranos de la Guerra de los Diez Años dejaran toda duda a un lado sobre su amistad y respaldo al Generalísimo Máximo Gómez, padre de Panchito. Cabe recordar que Panchito era también ahijado del General Antonio Maceo.

En una carta a Poyo fechada el 20 de diciembre del 1893 Martí escribe; «No puedo echar del corazón, como quería, toda la ternura, y el justo orgullo, y el agradecimiento que, en nombre de nuestra patria, debemos a la emigración cubana de Key West».

> *"No puedo echar del corazón, como quería, toda la ternura, y el justo orgullo, y el agradecimiento que, en nombre de nuestra patria, debemos todos a la emigración cubana de Key West".*
>
> José Martí—Carta a José D. Poyo, 20 de diciembre del 1893

Frase de Martí en carta a José Dolores Poyo, 1893.

Muchos han honrado al Apóstol de Cuba con sus palabras. Les comparto unas de mis favoritas provenientes de Enrique José Varona:

«Peregrino por el mundo con una lira, una pluma y una espada. Cantó, habló, combatió: dejó por todas partes chispas de su numen, rasgos de su fantasía, pedazos de su corazón; pero en cualquier ruta, por todos los senderos, su vista estaba fija en la solitaria estrella, que simboliza su honda y perpetua aspiración de hogar y patria. De su poesía se exhale en perfume sutil la nostalgia del desterrado. Cuando su pluma corre sin freno sobre el papel, cuando su palabra se desborda desde la tribuna, se adivina qué lo aguija, qué lo impulsa, la visión distante de Cuba que lo llama, y le pide que escriba para ella, y alumbre las conciencias y encienda los corazones. Aquí está la nota profunda de su alma y la unidad perfecta de su vida. Martí poeta, orador, catedrático, agente consular, periodista, agitador, conspirador, estadista y soldado, no fue en el fondo y siempre sino Martí patriota.»

9
Remember the Maine

Después de años de preparación y decepciones, la Guerra de Independencia de Cuba comienza en los primeros meses del 1895. La orden secreta de levantamiento la envía Martí desde New York al Cayo en manos de Gonzalo de Quesada. Gonzalo rumbo al Cayo visita en Tampa al tabaquero Blas Fernández, quien tuerce el documento secreto dentro de un tabaco. Este es colocado en una caja con el resto de los tabacos y la sellan. Gonzalo lleva la caja al Cayo y se la entrega a Miguel Ángel Duque. Duque toma el vapor Mascotte rumbo a La Habana. Al llegar a Cuba, Duque le entrega la caja de tabacos a Juan Gualberto Gómez quien en conjunto con los miembros de la Junta Revolucionaria leen la nota y deciden que el 24 de febrero sería el día indicado para iniciar la lucha.

Reunión de José Martí, Antonio Maceo y Máximo Gómez
el 5 de mayo de 1895 en la finca La Mejorana

Martí y Máximo Gómez desembarcaron en Playitas, Cuba el 12 de abril. Antonio Maceo ya estaba dentro de Cuba en pie de lucha. El 5 de mayo se reúnen los tres en la finca La Mejorana. El día

19 de ese mismo mes cae Martí abatido por las balas coloniales en la batalla de Dos Ríos. Dos días después el Diario de la Marina en La Habana en edición especial publica el parte recibido desde Oriente.

SUPLEMENTO AL DIARIO DE LA MARINA

«Habana 21 de Mayo de 1895

Importante Telegrama - MUERTE DE JOSE MARTÍ

En la Capitanía General se ha recibido el siguiente importantísimo telegrama que transmite en esta fecha el General Salcedo, desde Santiago de Cuba:

Santiago de Cuba, 21 de Mayo

General en Jefe:

Ayer combate considero resultado político gran trascendencia. Por confidencias supe gruesa partida se hallaba entre Palma y Remanganaguas, y dispuse salida columna Coronel Sandoval en su busca, encontrándola entre Bijas y Dos Ríos, orilla derecha Contramaestre, en número 700 hombres con Martí, Máximo Gómez, Massó y Borrero. Marchaban según se asegura, a pasar Cauto para seguir Tunas y Príncipe.

Combate duró hora y media, siendo enemigo desalojado sus posiciones y rechazado, huyendo subdividido tres fracciones, siendo perseguido, muerto titulado presidente república cubana, José Martí, cuyo cadáver ha sido recogido e identificado, a pesar empeño retirarlo. Enemigo tuvo, además 14 muertos vistos y muchos heridos, cogiéndosele las armas y correspondencia de Martí, del titulado comandante de estado mayor, 37 caballos muertos y once útiles con monturas. Por nuestra parte cinco muertos y siete heridos. Aseguran prisioneros que Máximo Gómez y Estrada han sido muertos o heridos, faltando comprobación de ésto que procuraré obtener por medios posibles.- Salcedo.»

No hubo día tan triste en el Cayo. Un silencio absoluto cubría las calles del peñón.

Reporta el New York Times del 4 de junio, tres semanas después de la muerte de Martí, que las calles de Cayo Hueso se encontraban en júbilo carnavalesco al haber llegado un cable procedente desde Santo Domingo supuestamente firmado por Panchito Gómez Toro compartiendo que Martí no estaba muerto. La cubanía se reunió de fiestas en el San Carlos desde dónde una gran parada partió celebrando tal feliz e incierta noticia. El ambiente era carnavalesco.

Desde New York, Carmita Mantilla, hermana de María, ahijada de Martí, también víctima de la errada noticia le envía esta carta con fecha 6 de junio del 1895 desde Central Valley, New York. (De la compilación de Luis García Pascual).

«Mi queridísimo Martí:

He visto con muchísimo gusto por sus cartas tan lindas, que desde que puso el pie en nuestra queridísima Cuba, es Ud. otro hombre, y lo comprendo.

Los americanos aquí solamente hablan de la Revolución Cubana, y lo quieren a Ud. muchísimo. Mr Ficken dice que Ud. es mejor que George Washington en muchos aspectos (por supuesto que yo creo que no hay hombre en este mundo que se pueda comparar con Ud.) y siempre está diciendo: "I love that man", y tiene muchísimos deseos de conocerle. Le cuento esto para que solamente tenga una idea de la simpatía que sienten los americanos por Ud. y la Revolución. Es una cosa general; no hay un americano que no esté en simpatía con los cubanos. Aquí vamos a dar un concierto en beneficio de Cuba. La Liga de Central Valley, le está preparando una recepción a Ud. para cuando llegue. Estos pequeños detalles son para que vea como lo quieren en los Estados Unidos.

Dígale al General Gómez, que aquí lo queremos mucho y que sabemos que los dos están mutuamente cuidados.

¡Cuánto daría por estar a su lado!

María no le escribe ahora porque está en New York ayudando a Uba que debe venir para acá hoy.

Con Ud. y Máximo Gómez y otros dos, unos cuantos buenos cubanos, no hay la menor duda que esta vez triunfarán.

Trato de seguir sus consejos al pie de la letra.

Lo acompaña su, Carmita Mantilla y Miyares.»

Retrato del General Antonio Maceo en el San Carlos.

Retrato del General Máximo Gómez en el San Carlos.

Por tres largos años las tropas mambisas luchan de Oriente a Occidente dentro de Cuba. Mueren miles de españoles y cubanos en sangrientas batallas. En Cayo Hueso nadie se pierde una sola noticia del conflicto. La población de exiliados fielmente respalda a sus héroes. Hombres y pertrechos son enviados clandestinamente a Cuba. Más de 40 expediciones bélicas llegaron a Cuba entre el 1895 y el 1898. En particular tres embarcaciones eran bien conocidas por la marina estadounidense y perseguidas por los cañoneros españoles, el Monarch, Three Friends y el Dauntless. Estos tres navíos fueron responsables por más de 16 desembarcos. El glorioso General Emilio Núñez estaba a cargo de estos arreglos. España se quejaba constantemente de las actividades revolucionarias del Cayo ante el gobierno de Los Estados Unidos y del Estado de la Florida.

El ilustre General Emilio Núñez estaba a cargo de los desembarcos clandestinos.

Recuerdo de niño visitando la finca de un tío abuelo en Amarillas, Matanzas oír a los guajiros hablar de los heridos de las tropas de Maceo en el batey y del legendario Agüero que quemaba cañaverales. Resulta que una de estas expediciones comandadas por Carlos Agüero y Rosendo García partió de Cayo Hueso el primero de abril del 1884. Los llevaba el capitán Johnson en la Goleta Adrián. Unos 40 hombres bien armados desembarcaron en Varadero el día 4. De allí penetraron al corazón azucarero de la provincia de Matanzas quemando cañaverales y creando el mayor caos posible. Miles de tropas españolas los cercaban y fueron poco a poco eliminando a estos mambises. Agüero fue aniquilado en los campos de Calimete. García pudo escapar y eventualmente logró regresar a Cayo Hueso.

La relación entre los Estados Unidos y España la caracterizaba la desconfianza mutua. El destacamento de la Marina de Guerra en Cayo Hueso a propósito ignoraba los preparativos y misiones bélicas del exilio. Hay una anécdota de un oficial de la marina estadounidense quien en una ocasión le informó a un patriota cubano que era ilegal si hombres y armas largas viajasen juntos. Por lo tanto, el oficial le sugirió al cubano que enviase las armas en un barco hasta Contoy en suelo mexicano y en otro barco los hombres. Ya desde allí en suelo mexicano no importase que partiesen juntos pues estaban fuera de su jurisdicción.

Quizá la más notable expedición, ya que llevaba a algunos de los generales y veteranos de las guerras anteriores fue la que partió de Cayo Hueso el 6 de junio del 1895. Supuestamente las autoridades del Cayo sabían que había una expedición en preparación y estaban en alerta para detenerla. Entre los notables de esta saga se encontraban los generales Serafín Sánchez y Carlos Roloff junto al coronel Rogelio Castillo y otros veteranos al igual que Fermín Valdés Domínguez. De forma individual para no dejar sospechas todos se fueron encaminando sobre las dunas de arena que se encontraban donde hoy día hacen esquina la Calle Bertha y el South Roosevelt Boulevard. Por esa zona los recogió la embarcación que los llevaría a un dolor de cabezas por casi dos meses. Debido a mala capitanía del buque, mala planeación y mala suerte en general estuvieron casi dos meses antes de llegar a Cuba. La mayor parte del tiempo la pasaron escondidos en Pine Key en espera de un buque que nunca llegó. Allí se los comieron los mosquitos y tuvieron varios desertores. El cinco de julio se les unió el General «Mayía» Rodríguez con unos cuarenta hombres más, finalmente zarpando hacia Cuba. El 24 de julio desembarcaron en Punta Caney y exitosamente lograron bajar todas las armas y demás pertrechos. Pronto se unieron a las tropas mambisas. La noticia del desembarco fue importante para la moral del Cayo donde todavía se sentía la muerte de Martí dos meses atrás.

En enero del 1898 disturbios en las calles de La Habana causados por los Voluntarios españoles hacen que los Estados Unidos envíen el vapor U.S. Maine al Puerto de La Habana para velar por la seguridad de sus ciudadanos e intereses en esa ciudad. El Maine, entonces destacado en Cayo Hueso partió a La Habana el 24 de enero. El 15 de febrero, misteriosamente explota en la bahía de La Habana. El saldo de su tragedia deja 266 marineros y dos oficiales muertos.

Ninguna población en los Estados Unidos sufrió tanto esta gran pérdida. Estos marineros sólo un mes atrás disfrutaban de los festejos de Navidad y Año Nuevo en las calles del Cayo. No he podido corroborar en ninguna fuente una conversación que tuve con una persona muy bien informada quién me compartió que la noche del 15 de febrero 1898 en el San Carlos se presentaba un programa que fue interrumpido cuando llegó por cable al Cayo la trágica noticia.

A los dos o tres días de la explosión a unos 19 cadáveres de las víctimas del Maine se les daba sepultura en el Cementerio de Colón en La Habana. En la solemne procesión iban más de 5,000 personas a pie detrás de las carrozas fúnebres y los dignatarios. Más de 50,000 personas observaron en respeto y luto el solemne desfile. Las casas en La Habana lucían cintas y manteles negros desde sus balcones.

Muchos de los heridos fueron traídos al Cayo. Hasta las monjitas convirtieron el Convento en un hospital.

Eventualmente unas 150 víctimas fueron sepultadas en el Cementerio de Colón. En diciembre del 1899 fueron trasladadas al Cementerio de Arlington en Virginia. Unos 27 marineros fueron enterrados en el Cementerio de Cayo Hueso. Allí se encuentran hoy día un lindo monumento al Maine y la permanente bandera que los honra. El alcalde de La Habana, Justo Luis Pozo y del Puerto en el 1954 presentó una placa en honor a los mártires del Maine. Esta se encuentra a la entrada del monumento. Les recomiendo visiten este camposanto casi en la entrada principal del cementerio.

Monumento en el Cementerio de Cayo Hueso a las víctimas del acorazado Maine.

Este incidente y otros le dieron la razón o excusa a los Estados Unidos de declararle la guerra a España. La Guerra Hispano Americana duró sólo cuatro meses, desde abril a agosto del 1898. Cayo Hueso sirvió como uno de los puertos navales claves para este conflicto. Con el Tratado de París, España cierra su capítulo colonial en Cuba y Puerto Rico. Con este rendimiento España le cedió a los Estados Unidos las colonias de Cuba, Puerto Rico, Filipinas y Guam. Los Estados Unidos ocupan a Cuba hasta el 20 de mayo del 1902. En ese día que Cuba finalmente pasa a ser una república libre los cayohuesanos se reunieron en el San Carlos a la misma hora de las celebraciones en La Habana para festejar tan esperada ocasión.

Muchos cayohuesanos regresaron a vivir a Cuba pero un buen número continuó su vida en Cayo Hueso. Dado su bilingüismo muchos cayohuesanos obtuvieron buenos trabajos en la creciente industria turística al comienzo de la República. Algunos regresaron al Cayo extrañando la vida de este peñón ya sintiéndose parte de dos culturas. Muchos residentes del Cayo hoy día llevan con orgullo la sangre de estos gloriosos patriotas que tanto se sacrificaron por la libertad de Cuba.

10

Domingo Rosillo y Agustín Parlá

Cayo Hueso ha contribuido substancialmente a la historia de la aviación en sus años experimentales. Varios capítulos de gran interés, todos relacionados a Cuba tuvieron lugar aquí en el Cayo. Uno de estos capítulos fue la competencia entre Domingo Rosillo y Agustín Parlá en ser el primer piloto en cubrir las 115 millas entre Cayo Hueso y La Habana.

Domingo Rosillo del Toro nació en octubre del 1878 en Argelia de padres españoles. Vivió en España y estudió aviación en Francia, graduándose de piloto en París en el 1912. Marchó a Cuba con el propósito de ser el primer piloto en cruzar el Estrecho de la Florida.

Agustín Parlá Orduña nació en Cayo Hueso de familia cubana el 10 de octubre del 1887. Su padre, dueño de una juguetería en el Cayo, fue amigo y cooperó muchísimo con José Martí durante sus campañas políticas. Agustín se mudo para Cuba a temprana edad. Fue el primer cubano en pilotear un avión cuando un amigo de la compañía Curtiss lo subió en vuelo sobre La Habana. Su entusiasmo por la aviación lo llevó a superar su juventud y falta de fondos para graduarse de la academia de aviación Curtiss en Miami en el 1912. Fue el primer cubano en obtener una licencia como piloto aéreo.

La Municipalidad de La Habana y Curtiss School of Aviation anunciaron una competencia en busca del primer piloto en cubrir la distancia de Cayo Hueso a La Habana. El propósito principal era el de promover la aviación y poner a Cuba entre los primeros países de esta modernidad.

Rosillo marchó a Cayo Hueso donde esperó la llegada de su avión, un monoplano Morane-Saulnier de fabricación francesa con un motor Gnome.

Parlá, de escasos recursos, logró que le ayudaran a financiar un hidroplano Curtiss con motor de 80 caballos de fuerza.

Ambos pilotos contaban con nutrida fanaticada tanto en Cuba como en Cayo Hueso. En el Cayo, siendo hijo local, joven y con menos dinero Parlá contaba con la mayoría del respaldo cayohuesano.

El 17 de mayo de 1913 ambos pilotos se encontraban listos para partir. Los navíos estadounidenses «Peoria» y el «Yamalkraw» mantendrían un ojo sobre los pilotos al inicio del Cayo hasta las 25 millas mar adentro. La marina de Guerra cubana prestó toda su flota para la seguridad de los pilotos. El buque «Patria» fue situado a las 45 millas de La Habana. El «Hatuey» a las 30 millas y el «24 de Febrero» a unas 15 millas. La Punta en el malecón de La Habana estaba colmada de público en espera del cañonazo desde el Morro señalando que ya se había efectuado la salida desde el Cayo.

El día estaba un poco turbulento. Rosillo partió a las 5:10 AM. No le fue fácil estabilizar su «papalote con motor» como le decían algunos a su avión, pero finalmente logró altura. Parlá logró partir con mucha dificultad sobre las olas a las 5:57 AM sólo para regresar de inmediato con un problema mecánico. Parlá hizo su intento desde la Playa South Beach donde finalizan las calles Duval y Simonton.

Después de dos horas, 30 minutos y 40 segundos de vuelo Domingo Rosillo aterriza en el Cuartel Militar de Columbia de La Habana siendo el primer piloto en cubrir la distancia y ganador del primer premio de $10,000. La Habana parecía de carnaval en celebración de tal hazaña.

Calladamente Agustín Parlá arregló su hidroplano y sin previo anuncio se lanzó, dos días después, el 19 de mayo, hacia La Habana sin escolta marítima y sólo una brújula de guía. En su hidroplano llevaba la bandera cubana que en varias ocasiones Martí había ondeado en Cayo Hueso. Uno de sus parientes avisó a La Habana de su partida. El público se congregó a su espera en el malecón. Fue en la Bahía del Mariel a unas pocas millas de La Habana donde Agustín logró acuatizar y fue rescatado de las intensas olas. El segundo premio de $5,000 le fue otorgado. Agustín pasó a ser el primer director de la aviación cubana. Una linda coincidencia ocurre cuando el General José Martí, Jefe del Ejército Cubano e hijo del Apóstol, envía a Parlá a la cede de la compañía Curtiss en Buffalo, New York para explorar la posibilidad que Curtiss ayudase al gobierno cubano a montar una escuela militar de pilotos en La Habana.

Agustín falleció el 31 de julio del 1946. Un busto en su honor se puede ver en el segundo piso del aeropuerto de Cayo Hueso. Su labor a favor de la aviación cubana fue inigualable.

Agustín Parlá, hijo del Cayo, primer piloto de Cuba y director de la aviación cubana.

Domingo Rosillo enseñó en una academia de aviación en Barcelona, España y regresó a Cuba donde murió en el 1957.

En el aeropuerto de Cayo Hueso se pueden ver numerosas fotos y recuerdos de esta hazaña al visitar la cafetería del segundo piso. En mi opinión muy particular creo sería justo ahora en el 2013 cuando se celebre el 100 aniversario de estos eventos el nombrar oficialmente al aeropuerto de Cayo Hueso «Agustín Parlá International Airport».

11

Aeromarine & Pan American

Otro interesante capítulo de los inicios de la aviación que tuvo lugar en Cayo Hueso fue cuando Florida West Indies Airways ganó el contrato para llevar el correo postal de Cayo Hueso a La Habana. Pero la falta de recursos no le permitió a esta compañía cumplir lo acordado. Por lo tanto, Aeromarine Plane and Motor Company establecida en New Jersey creó la Aeromarine West Indies Airways la cuál compró la Florida West Indies para así adquirir el contrato del correo aéreo a Cuba.

Este sobre voló en el primer vuelo de Aeromarine de Cayo Hueso a La Habana el 1ro. de noviembre de 1920.

AWIA compró seis hidroplanos Curtiss F-5-L de la marina y los convirtió en lujosas naves para llevar el correo y pasajeros entre Cuba y Cayo Hueso. El primero de noviembre del 1920 las naves La Pinta y la Santa María iniciaron el primer histórico vuelo de pasajeros y correos a Cuba. Estas naves estaban equipadas con dos motores Liberty de 400 caballos de fuerza cada una. Llevaban a 9 pasajeros dentro de dos elegantes cabinas de caoba en cómodas sillas de cuero cada una con su ventanilla para admirar el paisaje. Volaban a una altura promedio de unos 30 pies sobre el mar. El viaje duraba unos 85 minutos. La tripulación consistía de un piloto, un co-piloto y un mecánico el cuál también asistía a los pasajeros. Cada pasajero podía llevar hasta 30 libras de equipaje a bordo.

AWIA tuvo éxito en sus primeros años y expandió sus servicios a otras islas del Caribe. En su primer año entre Cayo Hueso y La Habana volaron más de 2,000 pasajeros. El horario diario de los vuelos se hacia coincidir con la llegada del tren de Miami a Cayo Hueso. Pero un trágico accidente en el 1923 donde perecieron cuatro pasajeros a unas 20 millas de La Habana parece haber cambiado su suerte pues ya para el 1925 AWIA caía en quiebra.

En el 1927 se establece Pan American Airways amparada bajo un contrato con el correo estadounidense para transportar el correo aéreo entre Cuba y el Cayo.

Este sobre voló en el primer vuelo de la Pan American de Cayo Hueso a La Habana el 19 de octubre de 1927.

Este contrato exigía que para el 19 de octubre ya debiesen estar en Cuba los primeros sacos postales del correo estadounidense. La Pan American había alistado sus Fokkers F-7 para estos inicios. Sin embargo, la pista del aeropuerto Meacham de Cayo Hueso no estaba preparada y después de unos aguaceros el fango en la pista le impedía el despegue a la aeronave. Por suerte, se encontraba en Cayo Hueso uno de los antiguos hidroplanos de AWIA. PAA lo alquiló para este vuelo de emergencia y así logro cumplir con el contrato el 19 de octubre 1927. Unos días después, el 28 de octubre, PAA comenzó desde La Habana a Cayo Hueso la primera ruta aérea postal con horario fijo. Así dio comienzo en Cayo Hueso una de las más queridas y prestigiosas líneas aéreas de todos los tiempos.

Este sobre voló en el primer vuelo de la Pan American de La Habana a Cayo Hueso el 28 de octubre de 1927, estableciendo la primera ruta fija de correo aéreo internacional.

Al comienzo PAA operaba desde el Hotel La Concha en Cayo Hueso. Al cabo de un año de su fundación se establecieron en la esquina de Whitehead y Caroline donde hoy día se encuentra el Kelly's Restaurant. Al costado del restaurante, sobre Caroline se encuentra una placa conmemorativa. Las primeras oficinas de PAA en La Habana se encontraban en el Hotel Sevilla Biltmore.

Letrero que aparece sobre la casa que fuese la primera oficina de la Pan American en Cayo Hueso donde hoy día se encuentra el Kelly's Restaurant.

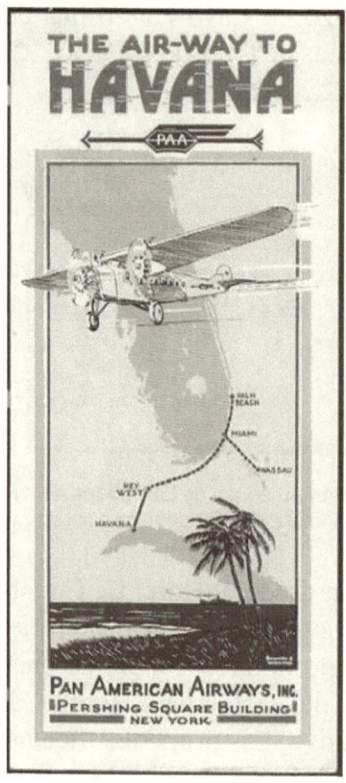

Folleto promocional de la Pan American, circa 1929.

En el 1945 el Capitán Manuel Quevedo establece en La Habana las Aerovías Q. Esta aerolínea comenzó vuelos diarios de La Habana al Cayo en septiembre del 1946. Llegó a ser parte íntegra y querida de la comunidad cayohuesana. Sus vuelos diarios conectaban a las familias cubanas a ambos lados del Estrecho. Su servicio de cargas era también muy utilizado por el comercio entre las dos ciudades. Transportaba la prensa habanera diariamente la cual se vendía en las calles del Cayo en las tempranas horas de la tarde. Muchos residentes del Cayo iban al aeropuerto a despedir y a recibir a sus pasajeros. Aerovías Q llegó a establecer la ruta a Nueva Gerona y a West Palm Beach. Operó hasta el 1961.

El 26 de abril del 1951 un trágico accidente aéreo estremeció la apacible vida del Cayo. El vuelo diario de Cubana de Aviación de Miami a La Habana sostuvo una coalición aérea con un avión de la marina estadounidense. El vuelo 493 de la «Estrella de Cuba», un Douglas DC-4, piloteado por el Capitán Javier Zayas Bazán con 34 pasajeros a bordo y 5 de tripulación partió de Miami en su ruta a La Habana sobre Cayo Hueso en un día nublado. Un Beech SNB-1 Kansan de la Marina de Guerra partía de la Base de Boca Chica, anexa al Cayo. El propósito de esta misión era la práctica con los instrumentos de navegación en mal tiempo. Por un error atribuido a la torre de control ocurrió el accidente donde también perecieron los cuatro tripulantes de la Marina. No hubo ningún sobreviviente.

En octubre del 1955 la Serie Mundial de Béisbol fue transmitida a Cuba por primera vez gracias a un vuelo repetitivamente circular entre Cayo Hueso y La Habana de un DC3 de Cubana el cuál retransmitía las señales televisivas a La Habana y desde allí al resto de Cuba. En esta serie final entre los Yankees y los Dodgers un propio cubano, Edmundo Amorós, el jardín izquierdo de los Dodgers, fue uno de los héroes al ser responsable por un doble play con las bases llenas en la última entrada y así salvar la victoria para su equipo.

En tiempos modernos han sido varios los escapes aéreos desde Cuba que han tocado suelo estadounidense en Cayo Hueso, Boca Chica y Marathon.

12

Mario Sánchez

Uno de los grandes orgullos de Cayo Hueso es Mario Sánchez. Hijo de inmigrantes cubanos, Mario nació en el 1211 de la calle Duval el 7 de octubre del 1908. Mario talló a bajo relieve la vida de Cayo Hueso en pedazos de madera de cedro. Este arte primitivo es conocido como intaglios. Sus obras nos han dejado un colorido recuerdo de la vida de esta ciudad entre los años 1920 y 1950. Casi todas tratan con la vida de la cubanía y con los temas más folklóricos. Por ejemplo, entre sus muchas obras, encontramos peleas de gallos, venta de mamoncillos, la comparsa, las chismosas, una fábrica de tabacos, entre otras. Su padre era empleado de la fábrica de tabacos de Eduardo Gato. Durante los primeros años de su vida vivió en el barrio conocido como Gatoville de mucho ambiente cubano entre las familias tabaqueras. Su papá fue lector en la fábrica de Gato. Su abuelo era dueño de un negocio en la esquina de Whitehead y Southard donde hoy día se encuentra el Green Parrot.

Mario comenzó a pintar sobre papel de bodega y vendía sus pinturitas en las barberías. Mario trabajó por mucho tiempo en el museo del fuerte East Martello. Muchas de sus obras fueron talladas en el patio de su casa. Sus amigos lo visitaban y conversaban a la sombra de un frondoso árbol dónde estaba su mesa de trabajo. Sus obras reflejan un gran sentido del humor y amor a su comunidad.

En Cayo Hueso hay tres lugares donde pueden ver las obras de Mario Sánchez:

En el Key West Museum of Art and History, calle Front 281.

También en el Museo East Martello junto al aeropuerto y

En la tienda de arte Gallery on Greene en el 606 de la calle Greene.

En el segundo piso del aeropuerto de Cayo Hueso hay un lindo busto reconociendo su persona y obra. En el museo Cayo Hueso-Habana dentro del Mesón de Pepe en la Calle Wall hay una linda exhibición de recuerdos sobre la vida de Mario.

En la red les recomiendo visiten:

www.galleryongreen.com/mario-sanchez-reproductions.htm,
www.keyhistory.org/artmariosanchez.html y
www.keywestfolkart.com

Hay una maravillosa animación de las obras de Mario en www.YouTube.com bajo el nombre «Mario animation» realizada por Quincy Perkins. Escriban en el buscador «mario animation key west». No se lo pierdan.

Mario recibió varios premios, entre ellos el Florida Folk Heritage Award otorgado por el estado. Algunos de sus intaglios se han vendido por más de US$100,000. Mario Sánchez falleció el 28 de abril del 2005 a los 96 años.

Tallado de Mario Sánchez en el Museo Cayo Hueso-Habana del Mesón de Pepe

13

Ernest Hemingway

Este gran escritor estadounidense vivió en Cayo Hueso aproximadamente por diez años en la década del 1928 al 1938. Entre el 1938 y el 1960 vivió en Cuba. La primera visita de Hemingway a Cuba fue una parada del vapor en La Habana por dos días, que lo conducía de Europa a Cayo Hueso.

Ernest Hemingway vivió en Cayo Hueso entre 1928 y 1938

Sus primeros años de residencia en el Cayo coincidieron con el período conocido como «La Prohibición» cuando la venta y el consumo de bebidas alcohólicas estaban prohibidos en los Estados Unidos. De vez en cuando Ernest y sus amigos se daban sus escapaditas a La Habana. Casi siempre iban en el "Anita", barco de su amigo de parrandas Joe Russell. Se hospedaba en el céntrico hotel Ambos Mundos. El cuarto preferido por Ernest era el que esta situado en la esquina noroeste del quinto piso. Uno de sus pasatiempos favoritos era la visita a diferentes tabernas. La que más frecuentaban era el Sloppy Joe's en la calle Zulueta. Años después cuando «La Prohibición» fue abolida, su amigo de parrandas Joe Russell decide abrir una taberna en el Cayo. Como recuerdo de los ratos tan memorables en La Habana con Ernest le llama Sloppy Joe's. Una taberna sigue localizada en su local original, en el 428 de la calle Greene, pero hoy día lleva el nombre Captain Tony's. El Sloppy Joe's de hoy día está a unos pocos pasos en esa misma esquina de Duval y Greene. Se comenta que en los tiempos de «La Prohibición» Joe Russell y otros mantenían al Cayo surtido de bebidas contrabandeadas desde Cuba.

La casa de Hemingway en Cayo Hueso es algo parecida a la Finca Vigía de San Francisco de Paula, su casa en Cuba. Es una amplia quinta con una piscina de buen tamaño con un patio de abundante vegetación. Esta situada en la esquina de Whitehead y Olivia, frente al faro. Hemingway era conocido en el Cayo como un buen vecino. Le gustaba hablar en español el cual había aprendido en España. Cuando Hemingway salía a pescar y la pesca era abundante repartía peces entre sus vecinos. Mario Sánchez inmortalizó esta costumbre de Hemingway en uno de sus intaglios donde aparece Ernest repartiendo rabirrubias frente a su casa. El abuelo de Mario tenía una tienda cerca de la casa de Hemingway.

Recién, en el 2008, cerró sus puertas en Cayo Hueso el que fuese uno de los más queridos establecimientos del Cayo, la casa de revistas y periódicos Valladares. El lugar donde se compraban los libros en español, las revistas Bohemias y Vanidades y toda la prensa local, nacional e internacional. Estaba en la esquina de Duval y Katherine. Cuenta Stuart B. McIver en su libro Hemingway's Key West que la primera vez que Ernest visitó a esta librería el jovencito Arthur Valladares lo vio entrar y le dijo a su padre «mira Papá que hombre tan pobre que usa una soga de cinturón». Hemingway lo cargó y le hizo una historia en español sobre de dónde provienen los mocasines. La tienda de Valladares era de las más frecuentadas por Ernest donde satisfacía su apetito por la lectura de revistas y periódicos. En aquella década que Ernest residió en el Cayo, Valladares vendía sus novelas con o sin la firma del autor. Las que estaban firmadas por Hemingway se vendían por un dólar más.

Hemingway se veía con frecuencia en las calles de Cayo Hueso. Le gustaba salir de tragos y a cenar con sus amigos. Entre los restaurantes que frecuentaba estaba «Raul's» cerca de donde hoy día esta el aeropuerto y también «Benny's Cafeteria» donde iba a comer paella.

En una de sus frecuentes salidas de pesquería Hemingway tuvo que ampararse de una tormenta en las Dry Tortugas, islas que se encuentran a unas 70 millas al oeste del Cayo. Allí conoció al pescador cubano Gregorio Fuentes quien años después llegara a ser su gran amigo en Cuba, capitán de su yate Pilar y la inspiración de su libro «The Old Man and the Sea» y del personaje Antonio de su libro «Islands in the Stream».

La casa de Hemingway merece una visita. También el museo de la ciudad tiene muchas fotos y otros recuerdos de Ernest y su vida en el Cayo. Cada mes de julio como recordatorio de su cumpleaños, aquí, se celebra la semana de Hemingway. Parte de las festividades es una competencia a ver quien se parece más a Hemingway. Más de cien aspirantes participan con sus barbas blancas y orgullosas panzas. En uno de los días de esta celebración, un ejército de Hemingways corre por la calle Duval perseguido por una decena de toros (de madera) como si fuesen las calles de Pamplona.

En adición a la casa de Hemingway el Museo de Arte e Historia en la 281 Front Street tiene numerosas curiosidades sobre su vida. Este es el mismo museo donde puede ver intaglios de Sánchez.

14

Concos, buchi y pan cubano

Los primeros pobladores de Cayo Hueso provenientes de las Bahamas se apodaron «Conchs». Este es el nombre que lleva en inglés el caracol cobo que es parte esencial de la dieta en las Bahamas y otras islas del Caribe especialmente en las deliciosas frituras. De alguna forma surgió que un cubano que nace en el Cayo se le denomina un Conco. Si usted nació en Guanabacoa y vive en Cayo Hueso usted no es un Conco...pero sus hijos nacidos aquí si lo son. Muchísimos habitantes de Cayo Hueso con orgullo llevan esta distinción. Curiosamente el nombre Conco surgió para referirse solamente al anglosajón nacido en el Cayo. La parte de la ciudad donde vivía una mayoría no cubana era llamada «Concotaon» por los cubanos al comienzo de la emigración.

Al terminar la Guerra Hispano Americana muchos Cayohuesanos realizaron su sueño de regresar a una Cuba libre. Muchos otros marchan a Tampa donde el negocio del tabaco no estaba tan complicado como en el Cayo por las disputas laborales. El año 1910 se toma como el fin de la intensa cubanía de Cayo Hueso. La población tuvo un declive significativo debido a estas dos tendencias migratorias. Desde esta época hasta el comienzo de la Revolución en el 1959 la cubanía restante del Cayo se fue fundiendo más rápidamente a la vida estadounidense pero al igual se sentía como una ciudad cubana en los Estados Unidos.

Las líneas de vapores unían a las familias de ambos lados del Estrecho. Más tarde con los transbordadores y la aviación la vida del Cayo estaba a unas pocas horas de la vida de La Habana. Los productos cubanos llegaban al Cayo diariamente. Los periódicos de La Habana y las revistas como Bohemia y Vanidades eran parte de la vida de esta ciudad. Muchos cayohuesanos tenían sus especialistas médicos en La Habana. O se iban a operar en los hospitales de La Habana. Las tiendas El Encanto y Fin de Siglo de La Habana y otras eran visitadas por los cayohuesanos. Los teatros, los casinos y los carnavales de La Habana también eran frecuentados. Los juegos de la pelota cubana se seguían con igual fervor que en la Isla.

Varias compañías de transbordadores hacían la ruta Cayo Hueso – La Habana

El primer cónsul de Cuba a Cayo Hueso, Antonio Díaz y Carrasco, fue enviado al Cayo a principios de la República. Vivía en una casa todavía existente en la esquina de Eaton y Grinnell. Desde su balcón habló en ocasiones a las multitudes presentes. Una placa sobre esta vivienda marca su pasado histórico. Fallecido en el 1915 sus restos se encuentran en el pabellón dedicado a los héroes de la Guerra de los Diez Años en el cementerio de Cayo Hueso.

Anuncio de una de las compañías de transbordadores que hacía la ruta Cayo Hueso - La Habana.

Por el 1910 un grupo de damas cubanas toma la iniciativa de proveer un hospital para los pobres de la ciudad. El siempre humanitario Eduardo Hidalgo Gato dona su mansión para este propósito. El hospital fue llamado Mercedes Hospital en honor a su esposa. El que fuese alcalde de Cayo Hueso el Dr. Fogarty fue su primer director. Hoy en día este exquisito edificio se encuentra en el 1209 de la calle Virginia, casi esquina White.

El Hospital Mercedes, en la antigua casa se Eduardo Hidalgo Gato, ayudaba a los enfermos pobres del Cayo.

El 22 de enero del 1912 Henry Flagler vio su sueño realizado al llegar el primer tren desde Miami a Cayo Hueso. El tren cubría las 155 millas en poco más de cinco horas. La celebración fue apoteósica. Además de todas las personalidades y curiosos de todos los Estados Unidos, muchísimos cubanos viajaron para los festejos. De La Habana vinieron bandas de música, clubes masónicos y otros para el desfile y los conciertos de celebración, uno de ellos en el San Carlos. Uno de los oradores invitados fue el Coronel José Martí del Ejército de la República de Cuba, hijo del Apóstol. El señor Flagler marchó ese mismo día hacia La Habana a promover su nueva ruta sobre los Cayos. Trágicamente el 2 de septiembre del 1935 un fuertísimo ciclón acabó con el tren. No fue hasta el 1938 que se finalizó la carretera que hoy conocemos.

Al San Carlos le pegó con furia un huracán en el 1919. Un grupo de cayohuesanos fue a La Habana y lograron que el recién electo Presidente Alfredo Zayas prometiera su reconstrucción. Para el año 1924 ya se inauguraba un bello edificio que a petición de Zayas mantuvo en su planta baja las mismas divisiones que el anterior para así mantener su pureza histórica. Sus actividades docentes y culturales continuaron. En los años cincuenta Libertad Lamarque dio en su teatro un memorable concierto. Muchos fueron los distinguidos intelectuales que enseñaron en su plantel. Entre ellos debemos destacar al poeta y ensayista Esteban Borrero quien logró escapar al Cayo en 1896. Son muchos los prominentes residentes del Cayo de hoy día que fueron educados en el San Carlos. En el 1970 tristemente la ciudad pidió que cerrase sus puertas por el mal estado de su estructura. Por veinte años estuvieron cerradas. Gracias a los heroicos esfuerzos del abogado miamense el Dr. Rafael Peñalver y otros aliados se rescató el San Carlos de la ruina y el olvido abriendo nuevamente sus puertas en enero del 1992. Esta amplia historia se encuentra en el sitio web del San Carlos. Para un cubano visitar el San Carlos es casi como para un musulmán ir a la Meca o para un católico ir al Vaticano. Si todavía no lo ha hecho, no deje de visitar este templo patrio de la cubanía abierto los fines de semana.

Así como el San Carlos era el centro de educación y patriotismo para la cubanía del Cayo, La Sociedad de Cuba era el lugar de música y diversión desde el comienzo del siglo pasado hasta los 1970s. El edificio renovado después de un fuego en el 1983 sigue en pie en Duval y Amelia. En el estuvieron los grandes artistas como Beny Moré y la Sonora Matancera. A bailar las noches hasta las tantas y desde allí al frente donde se encontraba otro indispensable establecimiento y última parada de rigor, El Anón. En El Anón, 1114 Duval esquina Amelia se podía tomar su última cerveza, cafecito o su helado favorito de frutas tropicales. Muchos vecinos le vendían las frutas frescas de sus patios a su dueño, Jesús Carmona quién confeccionaba los ricos helados.

Numerosos restaurantes cubanos han existido en el Cayo hasta hoy día. Añadiéndoles un toque local hay énfasis en los mariscos como por ejemplo las enchiladas de camarones o langosta. Sobre todo el sandwich de rabirrubia en pan cubano es muy popular. Mi favorito es una rabirrubia frita con la cabeza y la cola saliéndose del plato. Y claro el postre local, key lime pie, compite en el menú con los flanes y las natillas. Es curioso que algunos restaurantes no cubanos en Cayo Hueso tienen frijoles negros en el menú. Y sirven pan cubano. Hay un famoso local, no cubano, que sirve las hamburguesas exclusivamente en pan cubano.

Hay una tradición anual que celebra cuando Key West se quiso desanexar de los Estados Unidos por un bloqueo de la Ruta Uno. Parte de la tradición consiste en una batalla naval entre un navío de piratas cayohuesanos (con sables, cotorras, parches y todo) y un barco de los Guardacostas Estadounidense. ¿Saben que utilizan ambos como munición? Barras mojadas de pan cubano.

En el 1926 Faustino Castillo fundo los supermercados Fausto's. Hoy día sus nietos continúan la tradicional excelencia de este establecimiento con dos ubicaciones en la ciudad.

El aroma a tabaco fresco sigue siendo parte de las calles de Cayo Hueso. Claro que a mucha menor escala. Pero por aquí y por allá se ven torciendo las aromáticas hojas. Por lo menos tres de los edificios de las antiguas fábricas tradicionales están en pie. El más conocido y merecedor de su visita es la última fábrica de Eduardo Gato en la esquina de Simonton y Virginia. Hoy día esta estructura contiene oficinas de diversos negocios. En sus dos entradas y antesala hay numerosas pinturas y artefactos relacionados al tabaco histórico cayohuesano.

Los cubanos trajeron sus virtudes y también sus vicios. La bolita y las peleas de gallos no han sido ajenas a la vida del Cayo. Cuando se prohibieron las peleas de gallos, los residentes preocupados por esta medida y temerosos de la alta multa soltaron sus gallos y gallinas a las calles para no dejar duda que cumplían con la ley. Hoy día miles de pollitos nacen en las calles de Cayo Hueso todos los años. Hay lindísimos gallos finos caminando las calles en custodia de sus territorios y familia. Uno de los lugares donde es más fácil verlos es en el patio del edificio del correo en Whitehead y Eaton. Y en el patio de White y Truman debajo de las tres frondosas ceibas.

Los frijoles negros (en muchos hogares sobre arroz amarillo en vez de blanco), el cafecito cubano (mejor conocido aquí como un buchi) y el pan cubano se han arraigado en este peñón para quedarse. Los helados de frutas tropicales como guayaba, mamey, guanábana continúan presentes como si fuesen un legado de El Anón.

Los cubanos de esta época, o sea los exiliados de la tiranía castrista desde el 1959 y el gran número que trajo el éxodo del Mariel han ayudado a mantener el idioma y las costumbres cubanas en el Cayo. Muchos son dueños de exitosos negocios locales.

Hay una linda tradición que se mantiene viva en Cayo Hueso. Cada 20 de Mayo en celebración del inicio de la República de Cuba en el 1902. Esta tradición consiste en una comparsa que baila conga de punta a punta de la calle Duval. La primera vez que vi este espectáculo me conmovió el ver como los cayohuesanos de múltiples etnias participaban en esta tradición cubana que ya es también suya. En honor a todo lo que se vivió en el San Carlos al llegar frente al predio la comparsa para y ofrece su mejor rutina. Merece mucho crédito el Sr. Fred Salinero la persona a cargo del Festival Cuban American Heritage por mantener viva esta tradición. Tengo entendido que esta tradición se remonta al 1938 cuando Abelardo (Al) Boza le dio inicio.

Otra tradición viva en el Cayo es la celebración de los quince, o quinceañeras como muchos le llaman. Unos años atrás mi hijo fue invitado a participar en la corte de una quinceañera. Fue maravilloso en la fiesta ver la juventud proveniente de varias naciones y razas bailar el tradicional danzón cubano y otras piezas clásicas hábilmente coreografiadas a lo antiguo.

Otro pequeño detalle pero que habla muy alto del amor por el pasado cubano son los azulejos hechos en Cuba que muchas casas en el Cayo todavía tienen. Cuando una casa vieja se desmantela si tiene azulejos cubanos son cuidadosamente removidos. Los dueños lo llevan a la nueva casa y le buscan un lugar especial donde volverlos a lucir. Claro que algunos de estos azulejos fueron adquiridos por sus bisabuelos y quizá de más atrás. El Patio Motel de la calle Washington todavía mantiene muchos de estos azulejos.

Todos los acontecimientos narrados en los capítulos anteriores han dejado su huella en Cayo Hueso. En el Cayo Hueso de hoy se disfruta de un sentimiento muy especial acentuado por sus diversas culturas. Este sentimiento de «diversidad unida» se ha fomentado en el Cayo desde sus primeros pobladores. Quizá la mayor contribución de la cubanía de los 1800 al Cayo fue el contribuir ampliamente a este sentimiento que diversas culturas pueden no tan solo subsistir juntas sino complementarse mutuamente en armonía para el beneficio de todos. No conozco otra ciudad donde el anglo y el cubano y a menor escala el afro bahamense se hayan mezclado de tal forma que hoy día la combinación de apellidos españoles con los ingleses es algo muy común entre las familias del Cayo. O sea un gran número de Conchs llevan sangre Conca y viceversa.

La historia de la cubanía moderna del Cayo es muy extensa y merece ser tratada por un conocedor de esta materia. Eventos tales como el embargo, La Crisis de los Cohetes, La invasión a Playa Girón, el éxodo de los balseros, Camarioca y el Mariel, La guerra contra las drogas. Sí les comparto algo personal. En los cuatro años que llevamos de residentes en el Cayo, mi familia y yo, hemos visto a tres grupos de balseros desembarcar por la South Roosevelt Boulevard frente al aeropuerto. Es emocionante ver como todos los transeúntes reciben y brindan agua, etc. a los recién llegados. Hasta que llega nuestra policía local seguida por el ómnibus de emigración. Manteniendo la antigua tradición cayohuesana de cambiar nombres, mi esposa y yo hemos bautizado ese bulevar como «El Malecón de la Libertad». Justamente encara a Cuba hacia el sur enviando un mensaje de tierra firme y fiel refugio, como esta divina roca siempre lo ha hecho.

«Balsa» cubana en patio cayohuesano

15
Notas finales

La carretera que conduce desde Miami a los Cayos es una verdadera belleza. Le recomiendo a todo lector que trate por lo menos una vez en su vida hacer este recorrido de unas tres horas y media. La inmensidad y los azules y verdes del mar bañando los cayos y cayuelos a ambos lados es un sueño. Si viene por la tarde y le toca una de las espectaculares puestas de sol va a ver lo que es el paraíso. De Miami a Cayo Hueso hay ruta de autobuses con dos salidas diarias. También hay más de 10 vuelos al día que duran una media hora de igual vista espectacular desde el aire.

La Ruta Uno, USA 1, es la carretera que atraviesa a los Cayos. En esta ruta se ven unos marcadores verdes que anotan en que milla se encuentran. Por Miami debe estar la milla 150. La milla 0 se encuentra aquí en Cayo Hueso.

Por el camino le recomiendo dos lugares donde tomar un buen cafecito y excelente comida cubana. En la milla 73 del lado del Atlántico se encuentra el restaurante Habano y en la 27 ya cerca del Cayo, del lado del Golfo se encuentra Five Brothers.

Cuando lleguen a Cayo Hueso diríjanse a las oficinas de la Cámara de Comercio en el 510 de la Calle Greene a pocos pasos de la Calle Duval. Allí tienen mapas y cientos de panfletos sobre las muchas atracciones de esta ciudad. Si es un fin de semana también se pueden orientar en el San Carlos, 516 Duval, abierto de 12 PM a 6 PM. El grupo de voluntarios les ayudará en español o inglés.

Fachada actual del San Carlos

Les comparto este poema de hoy y de ayer de mi amigo Leonel Valle.

Cayo Hueso

Nubes lloran sobre el Estrecho.
La brisa muere en la costa.

Aquí todo es silencio,
y yo, camino sin rumbo,

muy cerca de mi Cuba,
tan lejos de mi Cuba,

cargando mis penas de siempre,
las de niño grande y solo,

sobre arenas rotas de caracoles
por la orilla de la mar verde,

siempre buscando a la
gaviota azul de mi niñez.

Leonel Valle

He disfrutado tanto de la lectura de los siguientes libros que utilicé como fuentes de información que quisiera compartírselos. O sea, si quisiesen leer más sobre los cubanos de Cayo Hueso no se pierdan los siguientes trabajos:

En español les recomiendo:

Motivos de Cayo Hueso por Gerardo Castellanos G. quien fue hijo de un gran patriota y tabaquero cayohuesano amigo de Martí. Él vivió en Cayo Hueso su juventud y vio a Martí hasta en su propia casa en la Calle Truman en varias ocasiones. Regresó a Cuba ya cuando la República y en el 1937 escribió este maravilloso libro que habla de muchos aspectos de la vida en el Cayo de entonces.

La otra lectura en español que me erizó al leerla fue la despedida del duelo de José Dolores Poyo en la Gran Logia de La Habana en el 1912 durante la velada fúnebre por voz de su gran amigo Francisco Figueredo Socarrás. Este se puede conseguir en la red, buscándolo en Google.

En inglés les recomiendo:

Si usted lee inglés la obra de C. Neale Ronning José Martí and the Émigré Colony in Key West, es excelente. Este libro y el de Castellanos lo remonta a las calles de Cayo Hueso del siglo XIX.

Key West Cigar City USA del Dr. Loy Glenn Westfall es una maravilla. El Dr. Westfall tiene una enorme pasión por todo lo relacionado al tabaco y se refleja en el enorme bosquejo realizado para escribir esta joya en papel que es el contenido de su libro. Este libro lo puede comprar en Cayo Hueso en la tabaquera del Mesón de Pepe o lo puede adquirir llamando al 305-295-2622.

Sitios cayohuesanos en la red

Cámara de Comercio de Cayo Hueso- www.keywestchamber.org

Instituto San Carlos- www.institutosancarlos.org

Museo de Arte e Historia- www.kwahs.com

PanAmerican Airways- www.panam.org

Festival de la Herencia Cubano Americana- www.cubanfest.com

Pinturas e Intaglios- www.keywestfolkart.com

Tabacos- www.keywestcigar.com

Velero Western Union- www.schoonerwesternunion.com

Conservatorio de Mariposas- www.keywestbutterfly.com

Atocha y Santa Margarita- www.melfisher.org

Cocina y Música Cubana- www.elmesondepepe.com

Bienes Raíces de Cayo Hueso- www.rudymolinet.com

Música de los Cayos- www.milemarker24.com

Deportes Acuáticos- www.furycat.com

Filatelia Cubana- www.ilastamps.com

Compre este libro- www.ediciones.com

Estatua de José Martí en el Bayview Park de Cayo Hueso

Bibliografía

Alpízar Poyo, Raoul: Cayo Hueso y José Dolores Poyo, Dos Símbolos Patrios. Imp. P. Fernández y Cia., La Habana, 1947.

Byrne, Ricardo A.: Apuntes Sobre la Historia de la Masonería Cubana. Imprenta del Sol XX, La Habana, 1913.

Figueredo Socarrás, Francisco: Conferencia- José Dolores Poyo, ofrecida por el autor V.M. de la R. Logia Cuba ante la velada fúnebre que a su recuerdo dedicara dicha logia. Imp. P. Fernández y Comp., La Habana, 1912.

García Pascual, Luis: Destinatario – Jose Martí. Casa Editora Abril, La Habana, Cuba, 2005.

García, Rafael: El Correo Aéreo en Cuba, Primeros Vuelos. Club Filatélico de la República de Cuba, La Habana, 1937.

Castellanos G, Gerardo: Motivos de Cayo Hueso. Ucar, García y Cia. La Habana, 1935.

Chaffin, Tom: Fatal Glory, Narciso Lopez and the First Clandestine U.S. War Against Cuba. University Press of Virgina, Charlottesville, 1996.

Costa, Octavio R.: Antonio Maceo, El Héroe, Editora Corripio C. por A., Santo Domingo, 1950.

Deulofeu Lleonart, Manuel: Martí, Cayo Hueso y Tampa. La Emigración, Notas Históricas , Cienfuegos, Cuba, 1905.

Guerra Aguiar, J.L.: Historia Postal de Cuba. Museo Postal Cubano, 1985.

Hambright, Tom: Key West and Cuba become Link for International Communications. International Ocean Telegraph Company in Key West. Florida Key Sea Heritage Journal, Fall 1991.

Langley, Joan and Wright: Key West Images of the Past. Published by Christopher C. Belland & Edwin O Swift, III, Key West, Florida, 1982.

Maloney, Walter C.: A Sketch of the History of Key West, Florida 1876, A Facsimile Reproduction, University of Florida Press Gainesville, Florida, 1968.

Mañach, Jorge: Martí, El Apóstol. Colección Austral, Espasa-Calpe S.A., Madrid 1942.

Martínez, Cristóbal: Notas Sobre el Correo Aéreo en Cuba. The Cuban Philatelist, Vol XXI No. 58, Enero-Abril 2010.

Martínez-Fernández, Luis : Protestantism and Political Conflict in the Nineteenth Century Hispanic Caribbean. Rutgers University Press, New Brunswick, New Jersey, 2002

McIver, Stuart B.: Hemingway's Key West. Pineapple Press, Inc., Sarasota, 1993.

Perez, Louis A.: Jose Marti in the United States: The Florida Experience. ASU Center for Latin American Studies, Arizona State University, Tempe, 1995.

Poyo, Gerald E.: Key West and the Cuban Ten Years War. The Florida Historical Quaterly Vol.57 No. 3, January 1979.

De Quesada y Miranda, Gonzalo: Martí Hombre. Editorial Cubana, Miami, 1998.

Ronning, C. Neale: Jose Marti and the Émigré Colony in Key West. Praeger Publishers, New York, NY, 1990.

Shearer, Victoria: It Happened in Florida Keys, TWODOT, An imprint of the Globe Pequot Press, Guilford, Connecticut, 2008.

Stebbins, Consuelo E.: City of Intrigue, Nest of Revolution, A Documentary History of Key West in the Nineteenth Century. University Press of Florida, 2007.

U.S. Postal Commemorative Society, The First International Passenger Service Key West to Havana, a brochure.

Westfall, Dr. Loy Glenn: Key West Cigar City USA, Book One of Floridas Cigar City Triology, 1997.

Autor Desconocido, panfleto, City of Key West, Huella de Herencia Cubana. Instituto San Carlos.

www.ingramcontent.com/pod-product-compliance
Lightning Source LLC
Chambersburg PA
CBHW060459080526
44584CB00015B/1484